AF433381

El Ser y el Hacer del coach

Diseño de tapa:
LUCAS FRONTERA SCHÄLLIBAUM

DAMIÁN GOLDVARG

ANA LUISA ESCALANTE

NORMA PEREL

El Ser y el Hacer del coach

Perspectivas de veintiocho master coaches

GRANICA

ARGENTINA - ESPAÑA - MÉXICO - CHILE - URUGUAY

ARGENTINA
Ediciones Granica S.A.
Lavalle 1634 3º G / C1048AAN Buenos Aires, Argentina
granica.ar@granicaeditor.com
atencionaempresas@granicaeditor.com
Tel.: +54 (11) 4374-1456 - 1158549690

MÉXICO
Ediciones Granica México S.A. de C.V.
Calle Industria N° 82 - Colonia Nextengo - Delegación Azcapotzalco
Ciudad de México - C.P. 02070 México
granica.mx@granicaeditor.com
Tel.: +52 (55) 5360-1010 - 5537315932

URUGUAY
granica.uy@granicaeditor.com
Tel.: +59 (82) 413-6195 - Fax: +59 (82) 413-3042

CHILE
granica.cl@granicaeditor.com
Tel.: +56 2 8107455

ESPAÑA
granica.es@granicaeditor.com
Tel.: +34 (93) 635 4120

www.granicaeditor.com

Goldvarg, Damián
   El Ser y el Hacer del coach : Perspectivas de veintiocho
master coaches / Damián Goldvarg ; Norma Perel de Goldvarg ;
Ana Luisa Escalante. - 1a edición especial - Ciudad Autónoma
de Buenos Aires : Granica, 2022.
   224 p. ; 22 x 15 cm.

   ISBN 978-987-8935-05-8

   1. Coaching. I. Perel de Goldvarg, Norma. II. Escalante, Ana
Luisa. III. Título.
   CDD 111

Índice

Agradecimientos

Agradecemos a nuestros revisores: Karin Meerhoff, Rosa Cañamero, Mónica Secci, Carolina Páez, Olga Lucía del Toro, Teresa Sacco, Claudia Lalloz y Juan Francisco Ramírez.

A Cris Bolívar, por el diseño de la encuesta que tanto nos ayudó a alimentar nuestra investigación.

Introducción

En la medida en que la práctica del Coaching profesional sigue creciendo y desarrollándose globalmente, es necesario continuar revisando estándares para asegurar que el trabajo de los coaches esté alineado con los patrones requeridos por las nuevas necesidades del mundo laboral. Es por ello que estamos muy contentos de presentarte nuestro proyecto de colaboración con veintiocho master coaches de América Latina y España, con el objetivo de compartir nuestras experiencias e interpretaciones de las competencias de Coaching, siguiendo el nuevo encuadre de la Federación Internacional de Coaching (ICF).

La ICF es la organización que desarrolla mundialmente los estándares éticos y profesionales para el Coaching. Acredita escuelas y a los profesionales les otorga tres niveles de acreditación:

- Coach Acreditado Asociado (ACC), que requiere 100 horas de práctica.
- Coach Acreditado Profesional (PCC), que requiere 500 horas de práctica.
- Coach Acreditado Master (MCC), que requiere 2500 horas de práctica.

En octubre de 2019, con el objetivo del desarrollo continuo y de fomentar la colaboración entre los coaches más experimentados de habla hispana, Ana Luisa Escalante y Damián Goldvarg convocaron a sus colegas a constituir la

Red de Master Coaches de Latinoamérica y España (Red MCC LAE). Esta red se reúne mensualmente para compartir experiencias y apoyar el desarrollo profesional de master coaches comprometidos con estándares profesionales y éticos. Muchos de los participantes son formadores, examinadores de la ICF, mentores y supervisores de Coaching con una gran experiencia y trayectoria profesional.

Dentro de los proyectos de la Red MCC LAE hemos desarrollado, videos, *webinars,* y ahora este libro en el que equipos de entre dos y cinco master coaches, de la Argentina, Bolivia, Chile, Colombia, España, Estados Unidos y México han escrito un capítulo desde su perspectiva y experiencia sobre las competencias de Coaching. Los autores respondieron a una invitación de Damián y Ana para escribir los respectivos capítulos y se autogestionaron para armar ocho equipos de trabajo. Para algunos de ellos es la primera vez que van a publicar.

Los capítulos han sido revisados no solo por los editores: Ana Escalante, Damián Goldvarg y Norma Perel, sino también por un grupo de otros ocho master coaches de la Red MCC LAE que ofrecieron retroalimentación y comentarios.

Los lineamientos éticos estandarizados y el marco de referencia de competencias de Coaching de la ICF cuentan apenas con menos de 30 años desde su fundación, en 1995. Con el transcurso de los años ha ido dando pautas vinculadas a competencias que los coaches debían conocer y habilidades que debían desarrollar para lograr el crecimiento como coaches y los estándares éticos que debían respetar.

Durante 24 meses a partir de 2016, la ICF se comprometió en una investigación rigurosa donde más de 1.300 coaches, tanto miembros como no miembros de ICF, de todo el mundo, participaron en este proceso de revisar y evaluar el modelo de competencias de Coaching. Estos coaches representaban diversos rangos de disciplinas de Coaching, bases de capacitación, estilos de entrenamiento, niveles de experiencia y acreditación. El nuevo modelo de competencias ofrece una estructura más alineada y simple e integra un lenguaje claro y consistente. También tiene en cuenta un enfoque más sistémico para evaluar el desempeño del coach, incluyendo una competencia nueva que habla sobre el *ser* del coach: encarna una mentalidad de Coaching.

En octubre del 2020, la ICF presentó su nuevo modelo de competencias que revisa las once anteriores reuniéndolas ahora en cuatro grupos que incluyen ocho competencias:

A. ***Cimientos***
   1. Demuestra Práctica Ética
   2. Encarna una Mentalidad de Coaching
B. ***Co-Crear la Relación***
   3. Establece y Mantiene Acuerdos
   4. Cultiva Confianza y Seguridad
   5. Mantiene Presencia
C. ***Comunicar con Efectividad***
   6. Escucha Activamente
   7. Evoca Conciencia
D. ***Cultivar Aprendizaje y Crecimiento***
   8. Facilita el crecimiento de cada cliente.

El libro va dirigido tanto a coaches como a formadores, estudiantes de Coaching, mentor coaches, supervisores, profesionales de Recursos Humanos y líderes interesados en el tema. Tiene como objetivo profundizar en estas competencias desde la perspectiva y experiencia de los miembros de nuestra Red de Master Coaches de Latinoamérica y España. Los capítulos aportan ejercicios, cuestionarios, ejemplos de cada competencia, así como también algunas perspectivas novedosas que pueden ampliar la mirada de las habilidades del lector.

Está escrito de tal manera que pueda ser entendido por los aspirantes a los diferentes niveles de acreditación, así como por aquellos que quieran ampliar sus perspectivas teóricas y prácticas más allá de conseguir o no una credencial. Asimismo, hemos decidido respetar los estilos de cada grupo de autores, para enriquecer la experiencia del lector.

Adicionalmente llevamos a cabo una investigación enviada a 79 coaches nivel MCC de habla hispana. Agradecemos a Cris Bolívar por apoyarnos en el diseño de la encuesta que se envió el 15 de octubre de 2020 a través de Survey Monkey a los MCC enlistados en la página de la ICF. En esta investigación anónima respondieron treinta y cinco master coaches de la región. Las preguntas, comentarios y experiencias que resultaron de la encuesta aparecen dentro de algunos de los capítulos del libro.

Esperamos que disfrutes la lectura de este libro y que contribuya a tu aprendizaje y desarrollo profesional.

Los editores

Los ocho equipos

Competencia 1
Demuestra Práctica Ética
Adriana Vásquez - Lidia Muradep - Paz Zagal -
Mary Carmen Castro

Competencia 2
Encarna una Mentalidad de Coaching
Damián Goldvarg - Elena Espinal - Tani Sturich -
Alicia Agüero

Competencia 3
Establece y Mantiene Acuerdos
Nancy Tylim - Illary Quinteros

Competencia 4
Cultiva Confianza y Seguridad
Jordi Vilá - Francisco Junquera -
Juan Francisco Ramírez Martínez - Tania Rincón

Competencia 5
Mantiene Presencia
Patricia Afanador - Marcelo F. Bustamante -
Isabel Cristina Cataño - Sandra Gutterman

Competencia 6
Escucha Activamente
Ana Escalante - Norma Perel

Competencia 7
Evoca Conciencia
Cris Bolívar - Diana Ajzen - Fernanda Bustos González

Competencia 8
Facilita el Crecimiento de Cada Cliente
Lida Esperanza Garzón - Claudia Lalloz - Jimena Sainz -
Jorge Salinas - Sussie Warman

La maestría en Coaching

Ana Escalante - Damián Goldvarg

> *El tiempo que lleva a la maestría depende*
> *de la intensidad de nuestra concentración.*
>
> Robert Greene

Este libro está escrito por veintiocho master coaches de Latinoamérica y España, todos integrantes de la Federación Internacional de Coaching, y está dirigido a quienes estén interesados en entender las competencias de Coaching desde diversas perspectivas. Antes de compartir los resultados del trabajo en equipo sobre cada una de las competencias, nos gustaría explorar qué significa ser master coach, y lo que conlleva alcanzar la maestría en una disciplina.

Según la fórmula elaborada por Bettie Spruill (2020), para avanzar en el dominio de cualquier disciplina se requieren cinco elementos esenciales: adquirir **conocimiento**, dedicar **tiempo**, tener un **mentor**, enfocarse en la **práctica** y tener **pasión**:

$$NC = C + T + M + P + Pa$$

El filósofo Hubert Dreyfus (2008) se dio a la tarea de describir la forma en que se evoluciona de principiante a maestro en cualquier disciplina. A través del estudio de sus niveles de competencia, podemos discernir la evolución de las habilidades de un practicante.

Adaptando los niveles propuestos por Dreyfus (2008), nos permitimos describir el paso de aprendiz a maestro, equiparándolo con un practicante de Coaching. En cada una de estas etapas el aprendiz/coach debe pasar por una transformación. Recorrer este camino supone dejar atrás el pasado, adentrarse en el proceso emocional que conlleva saber que no se sabe, abrir la propia vulnerabilidad para al fin transformarse en un aprendiz ideal que ha logrado sostener el esfuerzo y tener la fortaleza emocional que implica aprender lo nuevo.

En primer lugar se encuentra el *principiante*, que es quien está consciente de las distinciones de los dominios de una acción, y sabe que no puede actuar efectivamente en el área. Está dispuesto a aprender de alguien a quien considera una autoridad en el tema. De esta manera, vivencia su disponibilidad a ser un *principiante*: se declara incompetente en cierto tema y pide ser entrenado. Es por esto que un *principiante* necesita que lo reconozcan y lo animen, y también necesita mucho espacio para fallar, para cometer errores. Su compromiso, su sinceridad y su cuidado deben ser animados. Desde nuestra perspectiva, en este punto se encuentran los estudiantes de Coaching cuando llegan a su programa de certificación. Todavía no conocen las distinciones del mundo del Coaching y empiezan a descubrirlas, tanto a nivel teórico como a nivel práctico.

En segundo lugar se encuentra aquel que es *mínimamente competente* en un tema, empieza a practicar bajo supervisión y usualmente sigue procedimientos que se le transmiten. Creemos que son coaches *mínimamente competentes* los estudiantes de Coaching al momento de recibir su certificación. Ya lograron incorporar algunas de las habilidades, aunque no todas, y no necesariamente son capaces de reaccionar en forma adecuada ante varias situaciones que se les presentan.

El tercer nivel es el de ***competente***, y lo alcanza quien puede trabajar independientemente en la práctica, puede anticipar y manejar desafíos solo. Trabaja sin mucha deliberación en cuanto a qué necesita hacer y no requiere instrucciones ni reglas para aplicar las prácticas estándar. Consideramos que estos coaches son los que están en capacidad de recibir una primera credencial profesional: Associate Certified Coach (ACC). Tienen un mínimo de experiencia, de cien horas, y aprobaron el examen escrito y el práctico de la ICF, demostrando así que tienen los conocimientos necesarios para ejercer la práctica del Coaching.

El cuarto estadio es el de ***virtuoso***, que alcanza quien es excelso en el dominio de una acción. Actúa sin deliberación alguna, sin reglas ni instrucciones. Ya tiene en su "cuerpo" las distinciones necesarias para crear su propio arte. Realiza cualquier acción que sea necesaria en el momento en que deba prevenir una crisis, y responde satisfactoriamente cuando necesita manejarlas. Otros admiran su quehacer. Un ***virtuoso*** sube los estándares que fueron aceptados históricamente en el dominio de su tema. Pensamos que este es el nivel requerido por la International Coaching Federation para otorgar la credencial de Professional Certified Coach (PCC). Se trata de un coach que tiene más de quinientas horas de práctica, incorporó totalmente las competencias de Coaching y es capaz de ejercerlas a nivel profesional.

Finalmente, se encuentra el ***maestro***, que participa en la invención del tema en el que actúa. Es un innovador y un productor de excelencia en otros profesionales. No solo domina el arte del Coaching sino que es capaz de enseñar e innovar. Para la ICF, alcanzar este nivel requiere al menos dos mil quinientas horas de práctica, que dan el tiempo suficiente crear innovaciones. Adicionalmente, se piden, como requisito, diez sesiones de mentoría con un master coach. Esto es entendible, ya que solo un maestro puede llevar a otro colega a ser a su mismo nivel. El candidato a master coach tiene que tener una credencial PCC, lo que equivale a decir que ya demostró su nivel de dominio de las competencias de Coaching. Resulta interesante que se requiera enviar grabaciones de sesiones de Coaching, que son evaluadas en forma anónima por otros master coaches, quienes deciden si está demostrada la maestría en la práctica. Es decir, hay un consenso y una aceptación de la comunidad acerca de que el profesional alcanzó este nivel de desempeño.

Esta figura resume lo expuesto:

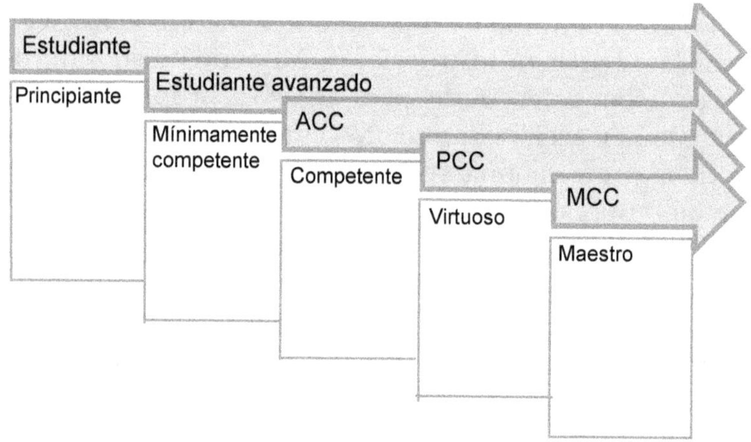

Las categorías de Dreyfus (2008) nos ayudan a entender el proceso de aprendizaje de toda habilidad, y nos indican el nivel de compromiso y dedicación que se requiere para alcanzar la maestría en Coaching.

Si tuviéramos que hacer una síntesis de qué es la Maestría en Coaching, siguiendo el modelo de competencias de la ICF, podríamos decir que el master coach:

> Es un modelo para otros, al demostrar comportamientos éticos y profesionales.

> ➤ Tiene una mentalidad de Coaching que abraza el aprendizaje constante, y se asegura de trabajar en Supervisión para seguir aprendiendo continuamente desde un lugar de humildad y vulnerabilidad.
> ➤ Es capaz de desarrollar una relación de intimidad con su cliente, que permite la apertura y la confianza.
> ➤ Demuestra seguridad en sí mismo, en su cliente y en el proceso, y esto le permite mantener una presencia serena, expectante, sabia, y fluir sin necesidad de demostrar que sabe o que es efectivo.
> ➤ Es capaz de ejercer la escucha profunda, que permite una conexión de gran nivel y brinda la posibilidad de ahondar en las inquietudes del cliente, en vez de explorar a nivel superficial.
> ➤ Se limita a colaborar en la sesión, dejándole el rol protagónico al cliente, invitándolo a elegir lo que quiere trabajar, cómo trabajarlo, y a decidir qué va a hacer con lo aprendido.

Para nosotros, los elementos claves de la maestría pueden resumirse con la sigla SECI:

Seguridad y confianza, que crean una presencia serena, sabia, que fluye.

Escucha profunda, que permite indagar en el *qué* y el *quién*, y profundizar.

Colaboración consistente, desde el principio al final de la sesión.

Innovación, creatividad, desarrollo y aporte a la profesión.

La Federación Internacional de Coaching está trabajando para desarrollar nuevos indicadores específicos que demuestren la maestría.

Creemos que es necesario enfatizar que para ser un maestro en cualquier habilidad se requiere sentir una profunda conexión personal con la disciplina. Muchas veces esta llamada viene desde que una persona transita su infancia. El increíble libro *Mastery,* de Robert Greene (2012), nos ofrece un sinnúmero de ejemplos. Cuando Albert Einstein tenía cinco años, su padre le regaló una brújula. El niño quedó fascinado. ¿Cómo era posible que la flecha de la brújula se moviera por una fuerza magnética de la Tierra? ¿Qué otras fuerzas magnéticas existirían que aún no entendíamos? Otro bello ejemplo es el de Ingmar Bergman, que a los nueve años observó cómo sus padres le regalaron a su hermano una máquina para proyectar escenas simples de filminas, y sintió que tenía que tener esa máquina, así que cambió todos sus juguetes por ella, para disfrutar de la magia de proyectar figuras en la pared. El resto de su vida la dedicó a crear películas que mantuvieran esa misma magia.

¿Cuál es la magia que atrapa a un coach y lo conduce a convertirse en maestro? Más que el dominio de las competencias, el maestro busca seguir siendo un aprendiz de la vida, crea las experiencias necesarias para seguir aprendiendo y generar mayor conocimiento, aportar belleza y brindar servicio.

Creemos que, en mucho, esa magia está en la llamada que recibe el coach para invitarlo a crear una diferencia en sí mismo y en los demás, en el despertar de la conciencia y la creación de una forma nueva de vivir, más humana, más cercana, más bella.

La velocidad y la complejidad de los sistemas en los que estamos insertos nos plantean la necesidad de hallar un nuevo futuro, en el que nos encontremos de frente con la posibilidad de la paz en la Tierra.

Los coaches, en este sentido, somos trabajadores por una paz activa, que nos permita negociar, diferir y alcanzar acuerdos. Una paz valiente, que nos haga darnos cuenta de cuáles son las conversaciones que nos limitan, y que nos abra a la posibilidad de recuperar nuestra libertad. Una paz conectada, que conecte con el otro, abrazando la diversidad, y a la vez, sosteniendo nuestra forma única de ver el mundo.

Esperamos que este libro te apoye y te inspire para alcanzar la Maestría en Coaching, y te invitamos a que te desafíes, te transformes y, finalmente, te conviertas en un master coach.

Bibliografía

Dreyfus, H.: *On the Internet*. Routledge, London-New York, 2008.
Goldvarg, D.; Perel de Goldvarg, N.: *Competencias de Coaching Aplicadas*. Granica, Buenos Aires, 2012.
Green, R.: *Mastery*. Viking Adult, Nueva York, 2012.
Spruill, B.: *Coaching for Excellence Certification Program*. Ideal Coaching Global, México, 2010.

Capítulo 1

Demuestra Práctica Ética

Adriana Vásquez - Lidia Muradep
Paz Zagal - Mary Carmen Castro

*La ética no es otra cosa que
la veneración a la vida.*

Albert Schweitzer

El presente capítulo pretende ampliar la comprensión de la competencia Demuestra Práctica Ética, que es la primera del grupo Cimientos, descrita en el Modelo de Competencias Clave de la ICF.

Las páginas siguientes contienen una idea general del concepto de ética, y un breve repaso de la historia y la evolución de los códigos de ética profesionales. Se plantean, además, los principales conceptos y definiciones establecidos para su funcionamiento, la importancia de su utilización y seguimiento en el ámbito profesional, hasta llegar a la introducción del Código de Ética de la ICF. A continuación, definimos qué es la competencia y explicamos sus siete indicadores con ejemplos o situaciones que permiten ilustrar algunos de ellos. Por último, se incluye una reflexión, que tiene la finalidad de ampliar la mirada hacia una visión futura de la ética de la profesión del Coaching y su responsabilidad en un porvenir compartido como humanidad.

La ética y los códigos

La Ética es la parte de la Filosofía que habla sobre las normas morales que rigen nuestra conducta. Es de suma importancia definir reglas concretas de acuerdo con el ámbito en el que se aplicarán, para fomentar un comportamiento ético y favorable en cada uno de los campos de la actividad humana (profesional, laboral, familiar, social).

En la práctica profesional, este conjunto de principios de conducta se encuentra respaldado por un marco teórico y se conoce como código de ética. Este código debe apoyarse en la *deontología* (rama de la ética que estudia los deberes que rigen una actividad profesional), y trazar el conjunto de normas que se respetarán para regular la conducta de los profesionales de un área. Las normas definidas, generalmente, tienen un carácter obligatorio, por eso, su incumplimiento puede llevar a sanciones, que no necesariamente significan castigos legales.

Este marco normativo, que regula las conductas, se basa en los valores que fueron establecidos como parte de un mismo contexto y de la misión de la organización. Da lineamientos para actuar, y establece los compromisos, los medios para una comunicación asertiva y los fundamentos sobre los que se trabajará para resolver conflictos entre los involucrados.

Es decir, el código de ética funciona como una guía para la gestión del trabajo, para establecer estrategias y tomar decisiones; todo esto en coherencia con los lineamientos –tanto internos como externos– de una comunidad. Un código de ética adecuado ayuda a generar comportamientos positivos, reduce los conflictos y protege el profesionalismo del grupo.

Sin lugar a dudas, un código de ética apropiado genera un estado de confianza y seguridad, que reduce los actos poco éticos e irresponsables, y establece una serie de expectativas positivas en la relación con la comunidad, e incluso con el entorno.

Principios básicos de un código de ética profesional

Aunque cada código es distinto, existen algunos principios básicos que deben cumplirse en todos:

- **Respeto por los derechos y la dignidad**
  Cada persona debe mostrar respeto por la diversidad, así como por los Derechos Humanos y su cumplimiento en el espectro social.
- **Competencias y aptitudes**
  El profesional debe tener claros los umbrales (alcances y límites) de su oficio y solo debe intervenir en las áreas para las que está capacitado.
- **Compromiso profesional**
  Todo profesional debe ser consciente de su posición y del desarrollo de sus deberes y conocimientos, con el fin de aplicarlos correctamente, y entendiendo que de sus saberes dependen clientes, usuarios, organizaciones y su propio desarrollo o emprendimiento, sin olvidar que parte de su compromiso profesional incluye la responsabilidad de mantener actualizados los conocimientos adquiridos.
- **Integridad**
  Está conformada por los principios de honestidad, justicia, rectitud y respeto; que resultan básicos en las interacciones humanas y sociales. También incluye el secreto profesional, cuando aplica. Un actuar integral garantiza el correcto ejercicio del deber.
- **Responsabilidad social**
  Toda organización y todo profesional deben considerar que ayudan a otros por medio de la prestación de sus servicios y según la manera en la que cumplan con sus funciones, y que esto debe conllevar la finalidad de generar efectos positivos en la sociedad. Tener un marcado sentido de interés social coadyuva al bienestar y al desarrollo de la comunidad.

Los códigos de ética institucionales y el Código de Ética de la International Coaching Federation (ICF)

Se cuenta que el primer código de ética institucional fue el elaborado en la segunda década del siglo XX por Melvin Jones, para el Houston Lions Club. Antes de su elaboración, Jones habría hecho un estudio exhaustivo de los códigos de conducta o morales que existían en la historia de la humanidad, desde los Mandamientos de Moisés y los pensamientos de Hammurabi de Babilonia (a. C.), hasta el Código de Justiniano y el Código de Napoleón. Después de su escritura y de diversas revisiones legales, la versión final del cuerpo normativo elaborado por Melvin Jones fue aprobada en el mes de agosto de 1918, durante la Convención de St. Louis, Estados Unidos; y se dice que permanece inalterable desde entonces. A partir de aquella fecha, muchos colegios de profesionales (por ejemplo, el Colegio de Médicos, el de Periodistas y el de Abogados, entre otros) crearon su propio código de ética.

De la misma manera, la International Coaching Federation (ICF) se dio a la tarea de desarrollar un Código de Ética que permita enfrentar las nuevas tendencias y necesidades vinculadas con el avance alcanzado por la profesión. El resultado de este trabajo, que se aprobó y adoptó por la Junta Directiva de la ICF Global y tuvo varias versiones, describe los valores fundamentales, los principios y estándares de comportamiento para todos los profesionales acreditados por la Federación.

Este Código tiene entre sus objetivos mantener la integridad de la ICF y de la profesión del Coaching a nivel global. Además, busca guiar la reflexión y la toma de decisiones éticas, al mismo tiempo que acompañar la adecuada profesionalización y capacitación ética de los profesionales en sus diferentes roles: como coach, supervisor, mentor, entrenador o estudiante coach en entrenamiento. El código establece que, aunque la aplicación de un proceso de revisión de conducta ética es principalmente para los profesionales acreditados por la ICF, el personal de apoyo de esta organización también está comprometido con las normas y las leyes éticas establecidas en él.

Todas las normas, reglas y conductas establecidas en estos apartados, que se basan en los valores fundamentales que sustentan a la ICF, deben regir las acciones que se derivan de las interacciones de Coaching. Estos valores son aspiracionales y deben usarse como una forma de comprender e interpretar la conducta que se espera de todos los profesionales acreditados por la ICF en su actividad normal, y también cuando se enfrenten con desafíos o situaciones que requieran respuestas o resolución de problemas o dilemas éticos.

Indicadores de la competencia

La ICF define esta competencia como la habilidad que permite que el coach entienda y aplique constantemente la ética de Coaching y los estándares de la profesión.

Existen siete indicadores que permiten evaluar si el coach está cumpliendo y desarrollando adecuadamente esta competencia clave. A continuación, se explica cada uno de ellos.

1. **Demuestra integridad personal y honestidad en interacciones con clientes, patrocinadores y las partes interesadas relevantes**

Este indicador se centra en la voluntad de hacer lo correcto. La integridad hace referencia tanto a la intención como a la acción que procura –de cualquier forma– tener un impacto positivo en sí mismo y en los otros, evitando afectar de manera negativa a ninguna de las partes involucradas en las diferentes formas de relación de los coaches con otras personas e instancias con quienes se relacionan. La honestidad, por otro lado, "es uno de los componentes esenciales de la integridad y se basa en expresar siempre la verdad, en cuidar la veracidad de la información y en el uso consciente y correcto del rango" (Mindell, 2004) y del poder que los coaches adquieren con los conocimientos, herramientas y metodologías para la generación de mayores niveles de conciencia a través de los procesos de Coaching.

Algunas situaciones, a modo de ejemplo, que permiten detectar que los coaches no ponen en práctica este indicador son:

a) No reconocer y/o hacer explícito el conflicto de interés, como en el caso de que el coach atienda a alguien que en algún momento tiene el poder de decisión sobre la adquisición de sus servicios de Coaching para terceros.

b) Utilizar posiciones de liderazgo en la comunidad para beneficio propio –incluyendo actividades voluntarias– o favorecer a algunos sectores, coaches, empresas, escuelas sin ofrecer igualdad de oportunidades a todos los involucrados en un proyecto o a los interesados en un tema.

c) Influir a favor de la compra de servicios de Coaching frente a otros servicios profesionales que también puedan beneficiar a los clientes, o incluso ser más apropiados para ellos, como consultoría, terapia, atención médica o jurídica y entrenamiento, entre otros.

d) Dar prioridad a los propios recursos (libros de su autoría, evaluaciones), sin hacer referencia a otros a los que los beneficiados podrían acceder para su bienestar y beneficio.

2. Mantiene sensatez ante la identidad, el ambiente, las experiencias, los valores y las creencias de los clientes

El coach debe tener la habilidad de distinguir qué tipo de observador es su cliente, y conocer su percepción sobre la vida, sus creencias y las derivas culturales y sociales a las que pertenece. Es esencial que el coach tenga en todo momento una mirada sistémica del cliente, y esto incluye desde sus acciones más espontáneas hasta los entornos donde vivió.

Sabemos que el observador que es el cliente cumple con una serie de prácticas relacionales que lo definen e identifican. Esas prácticas, a su vez, las realiza comprometido con cuidar algo que le importa y le hace sentido; todo dentro de un marco de valores que fue construyendo, influenciado por el contexto cultural donde creció, y por las decisiones que históricamente tomó. Dado esto, el coach necesita desarrollar la capacidad para distinguir las prácticas recurrentes que definen la identidad del cliente, y que son reveladas en la interacción de Coaching.

A modo de ejemplo, reseñamos un proceso de Coaching donde el cliente es de nacionalidad peruana y descendencia directa japonesa. El motivo que lo llevó a solicitar un acompañamiento de Coaching fue su dificultad para relacionarse con su equipo de trabajo. La situación se generó cuando el coach juzgó como falta de compromiso la actitud y las acciones de su cliente frente al plan de prácticas relacionales mutuamente acordado.

Luego de una sesión de Supervisión, el coach descubrió que existían factores que no estaba escuchando ni considerando de su cliente. En primer lugar, las implicancias de su procedencia japonesa, y como segundo aspecto, la edad, que lo ubicaba dentro del rango generacional conocido como *millennials*.

Durante ese proceso de Supervisión el coach tomó conciencia de que ambos temas tienen estándares característicos sobre cómo se sostienen los vínculos, el grado de cercanía permitido y cómo expresar el respeto en la relación laboral. Por tanto, se generó una brecha entre lo que el coach proponía y lo que el cliente entendía como compromiso.

Después de reflexionar, el coach pudo integrar esta nueva mirada, y el proceso tuvo un vuelco fundamental para el cliente y sus relaciones con el equipo de trabajo.

3. **Utiliza lenguaje adecuado y respetuoso con clientes, patrocinadores y las partes interesadas relevantes**

El lenguaje que usa el coach debe permitir que el cliente siempre se sienta respetado, legitimado y validado, tanto en la forma de expresarse como en sus problemáticas, quiebres, preguntas y descripciones de las situaciones abordadas en la conversación. Esto se hace extensivo a todas las partes interesadas e involucradas, ya sea en las conversaciones previas al proceso, las de seguimiento y las de cierre.

Un lenguaje apropiado se adapta al cliente y a su entorno, por este motivo, el coach debe considerar que su forma de comunicarse tiene que generar un puente entre el lenguaje común y las distinciones o conceptos que pondrá al servicio de la conversación. En los distintos ámbitos en los que los coaches pueden actuar –uno de ellos es el organizacional, por ejemplo–, se crean diversas situaciones donde el lenguaje del coach no da cuenta de que escucha, comprende y se adapta al de sus interlocutores; y eso afecta el prestigio y la claridad de lo que es el Coaching.

Escuchar respetuosamente lo que el cliente dice, la forma en que lo dice, e ir acompañándolo a reconocer desde qué deriva cultural, religiosa, ancestral, generacional y social proviene, da muchas luces e inspira grandes aprendizajes. Una buena manera de comprender y adaptarse al lenguaje del cliente es verificar constantemente aquello que comparte. Es preferible confirmar lo que parece obvio a caer en experiencias especulativas de lo que quiere decir.

Del mismo modo, para afinar la escucha, es importante prepararse y conocer detalles del contexto de desempeño del cliente, así como estudiar los conceptos que se usan en una organización, y comprender su significado.

Otros puntos relevantes para prestar atención adecuadamente son: cuidar cómo se habla –sin perder espontaneidad–, atender el contexto del cliente, no usar un lenguaje coloquial en espacios formales ni ser excesivamente formal en momentos distendidos. Un ejemplo:

> Una coach, con muy buena intención de realizar un trabajo para fortalecer las habilidades directivas de un gerente general, trajo a su sesión los conocimientos que tenía sobre una herramienta basada en la descripción del perfil de personalidad, sin tener la experiencia adecuada para hacer un puente entre este maravilloso modelo y el trabajo organizacional, ni para distinguir si el recurso era apropiado o de utilidad para ese cliente. Como resultado, esa falta de adaptabilidad entre el entorno y sus herramientas no permitieron que lograra los resultados que esperaba su cliente y el trabajo del coach fue muy mal evaluado, sobre todo, porque no generó confianza en su cliente.

4. Acata el Código de Ética de la ICF y respalda los Valores Claves

Este indicador está definido estrictamente por lo estipulado en el Código de Ética de la ICF, cuyos principios regulan la actividad de los coaches y de todas las personas relacionadas con la profesión: personal administrativo y de apoyo a las labores del coach, compradores y proveedores, grupos de interés involucrados en las intervenciones que hacen uso del Coaching como apoyo a otras actividades de desarrollo y transformación en individuos, y todos aquellos grupos, organizaciones y comunidades en general que se ven impactadas por la intervención de coaches en formación, asociados o profesionales.

El Código de Ética de la ICF fue elaborado por medio de comités delegados para ese efecto –formados por profesionales reconocidos a nivel mundial– y tuvo cinco versiones a la fecha. La última está vigente desde 2019.

Contenido del Código de Ética de la ICF

a) **Introducción.** Presenta la utilidad del código, centrada principalmente en establecer estándares de conducta consistentes con los valores y principios definidos; guiar la reflexión, educación y toma de decisiones; otorgar y preservar los estándares del coach a través del proceso de revisión de conducta ética; y proporcionar la base para la capacitación ética.

b) **Definiciones.** Incluye aquellos conceptos que permitirán unificar el lenguaje en cualquier relación de Coaching; por ejemplo: cliente, Coaching, relación de Coaching, código, confidencialidad, entre otros.

c) **Valores y principios éticos.** La ICF propone a sus miembros demostrar los siguientes valores:

1) **Integridad**: Reflejada en los más altos estándares del Coaching como profesión y en la Federación.

2) **Excelencia**: Es preciso demostrar estándares de excelencia en cuanto a la calidad del Coaching profesional, su calificación y su competencia.

3) **Colaboración**: Se valora la conexión social y la construcción de comunidad, que se da a través de alianzas colaborativas y de logros compartidos.

4) **Respeto**: Supone ser inclusivo y considerar la diversidad y la riqueza de los grupos de interés a nivel global. Poner a las personas en primer lugar, sin comprometer los estándares, las políticas y la calidad.

d) **Estándares éticos.** En categorías de responsabilidad: con los clientes, en la práctica y el desempeño, en el profesionalismo y con la sociedad.

e) **La promesa.** Es equivalente al juramento en otras profesiones.

5. Mantiene la confidencialidad con la información de cada cliente, según los acuerdos con las partes interesadas y las leyes pertinentes

Las conversaciones de Coaching requieren privacidad y se desarrollan a partir de la declaración explícita por parte del coach de que no compartirá información alguna con otras personas. En el mundo de las organizaciones hay un tercer actor, el patrocinador, que realiza la contratación y el pago de los servicios de Coaching; es necesario establecer con este acuerdos explícitos de lo que es posible transparentar del proceso. En los casos en los que se encuentre en riesgo la integridad de la persona, de terceros o la compañía, el coach queda relevado de la confidencialidad.

Dos ejemplos:

Un coach externo trabajó en una empresa con empleados de tres departamentos. En sesión con uno de ellos, el cliente relató que no tenía problema alguno con sus pares. El coach, que tenía información ventilada en otras sesiones con integrantes de otro departamento, sabía que había muchas quejas por su estilo de comunicarse, así que decidió mencionarle que parecía que la situación no era como la describía, ya que escuchó reclamos en otros departamentos. ¿Este coach violó la confidencialidad? La respuesta es sí. Sin importar cuán despersonalizado haya sido su comentario, violó la confidencialidad.

María y Juan, coaches internos de la organización, decidieron incorporar a Pedro, otro coach, al equipo. Más tarde, Pedro le pidió supervisión a Juan, y le mencionó que se sentía muy presionado por María. En otro momento, Juan compartió con María ese comentario, creyendo que no violaba la confidencialidad. Al tomar esta actitud, Juan ignoró que las conversaciones de Supervisión también son confidenciales.

6. **Respalda las distinciones entre Coaching, consultoría, psicoterapia y otras profesiones de apoyo**

El coach necesita dejar clara la función del Coaching manifestando lo que es y lo que no es, de manera que el cliente esté al tanto de lo que puede esperar durante el proceso, así como definir sus alcances y límites.

Para cumplir con este punto, es necesario que el coach mencione la diferencia del Coaching con otras disciplinas como la psicoterapia, la consultoría y la psiquiatría, si es necesario. Establecer estas diferencias permitirá mantener la claridad y la calidad de los servicios que ofrece el coach. De ese modo se garantiza la satisfacción del cliente, además de asegurar los altos niveles de compromiso con la profesión.

Los siguientes conceptos son muy útiles para que el coach se familiarice con las diferencias entre servicios profesionales:

> **Coaching**: La ICF lo define como acompañar a un cliente en un proceso creativo y estimulante que lo inspire a maximizar su potencial personal y profesional.

> **Psicoterapia**: Se enfoca en heridas, traumas, y *curar* al cliente. Trabaja para que la persona sane. Esto equivale a decir que "se concentra en atender problemas mentales y emocionales del cliente" (Castro, 2016).

> **Consultoría**: De acuerdo con Domingo Ribeiro, "es la ayuda que presta un experto para resolver un problema empresarial, basándose en su experiencia, habilidad y oficio" (Ribeiro, 1998).

Ejemplo:

Existen algunos clientes que constantemente piden consejos al coach durante las sesiones. En esos casos, se debe responder que en Coaching no se dan consejos; de ahí la importancia de iniciar un proceso con esta claridad, haciendo notar las diferencias entre las distintas profesiones de ayuda. El trabajo del coach se enfoca en la exploración de inquietudes del cliente y la conversación se basa en el presente y el futuro.

7. Remite clientes a otros profesionales de apoyo, según corresponda

El coach debe tener la habilidad de identificar cuándo un cliente no es candidato a un proceso de Coaching; deberá darse cuenta de si existe en el cliente algún impedimento como una psicopatología o una idea errónea de lo que busca en este proceso. Del mismo modo, el coach debe contar con conocimiento básico y ser perceptivo para saber cuándo derivar el caso a otros profesionales, si es necesario.

En todo momento, el coach debe superar su deseo de ayudar al cliente, manteniendo una presencia desde una conducta de alto perfil ético, que le permita saber cuándo aceptar o no un proceso, siempre con bases y fundamentos teóricos que no solo protejan al cliente, sino también al coach profesional en lo relativo al desempeño correcto del Coaching.

Algunos ejemplos:

Una cliente de aproximadamente treinta y cinco años de edad llegó en búsqueda de sesiones de Coaching. Quería mejorar la comunicación con su pareja. Inició el proceso con el coach, y durante la conversación, en tres ocasiones mencionó que sentía deseos de ya no estar en este mundo. Cuando inició la indagación, el coach se percató de que la cliente tenía ideas suicidas, e incluso ya había pasado por dos intentos de quitarse la vida. Cuando le preguntó si había visitado a algún especialista en salud mental, ella respondió que no. Ante tal situación, el coach tomó la decisión de comentarle que con gusto llevaría a cabo el proceso de Coaching, pero que antes era recomendable que visitara a un especialista en salud mental.

En un caso de Coaching ejecutivo, un cliente de aproximadamente cincuenta años, comentó que le costaba mucho trabajo levantarse de la cama, y que llevaba varios meses sin dormir y sin comer adecuadamente. El coach inició el proceso de indagación y se percató de que se había aislado totalmente de sus relaciones sociales; además, no había visitado a ningún experto en salud mental, a pesar de sus malestares. Ante esta situación, la respuesta del coach fue recomendarle una visita a los especialistas adecuados para atender sus síntomas físicos y emocionales.

Estos dos ejemplos de las situaciones a las que un coach puede enfrentarse dan idea de que es necesario desarrollar sensibilidad y adquirir el conocimiento que permita detectar cuándo hay que derivar a las personas que lo necesiten al experto correspondiente.

Hacia una ética del vivir

En las últimas décadas, el Coaching tuvo un impacto importante, no solo a nivel empresarial y profesional, sino también en la vida personal de los individuos de la sociedad contemporánea. La coyuntura mundial está requiriendo más que nunca que el conocimiento y las competencias que provee el Coaching se pongan al servicio de las personas que buscan una mediación para lograr desarrollar habilidades o metas en temas específicos, lo que ha provocado que esta profesión tenga cada vez mayor difusión. Adicionalmente, considerando que habitamos en un mundo global, hoy en día a la labor del coach se suma de manera generalizada –como en las demás profesiones– el trabajo online, que permite prestar servicios en diversos lugares del planeta.

La urgencia del desafío actual y la necesidad de estar a la altura de las circunstancias son al mismo tiempo una gran oportunidad para seguir consolidando la profesión. Así que debemos plantearnos cómo el Coaching puede estar a la altura de lo que necesitan las personas, las organizaciones y las comunidades en este momento histórico.

Ahora que algunas normalidades en las que se convivía han sido interrumpidas y pareciera que abruptamente el mundo despertó de un estado hipnótico colectivo, han surgido necesidades personales y aspectos no conocidos en las distintas relaciones que antes no se percibían. La gente está dejando atrás actitudes de desinterés y conformismo y comienzan a surgir demandas urgentes en diversos ámbitos de convivencia; sobre todo, porque la ansiedad e intensidad que invade a algunos está afectando gravemente las relaciones personales.

Lo anterior significó el surgimiento de distintas corrientes y métodos de Coaching, pero también provocó que existan personas y organizaciones que prestan el servicio de manera poco profesional, y sin duda, la falta de ética, en esos casos, provoca que cualquier esfuerzo de acompañamiento resulte inútil, o incluso contraproducente.

Pero ¿cómo podemos garantizar una buena praxis dentro de los términos éticos profesionales en el ámbito del Coaching? La definición de las líneas de acción y las principales guías de conducta son esenciales para lograrlo. Tener claras las definiciones necesarias, las aplicaciones, los alcances y la conducta esperada durante la prestación del servicio, es la manera más eficiente de cumplirlo. Y todo esto se traduce en la definición y el uso de un código de ética adecuado. Además, es importante tener claro que, más allá de los conocimientos técnicos, sociales y de comunicación, un coach profesional también debe tener como prioridad la práctica de la ética con sus clientes. Si se carece de este importante elemento, el desempeño es menor y disminuyen significativamente los resultados; porque como afirma José Antonio Marina: "La ética es la mayor creación de la inteligencia" (Marina, 2012, entrevista en línea).

Por otro lado, no podemos olvidar que la esencia del Coaching se deriva de la naturaleza misma de la ética. De acuerdo con Savater, la ética es "saber vivir" o el "arte de vivir" (Savater, 2002, p. 17); es decir, saber cómo vivir bien entre seres humanos. Señala, además, que esto se debe hacer siempre bajo la consigna de elegir aquello que más nos conviene (a nosotros y al prójimo), o que nos mejore como individuos. Por su parte, el Coaching es también una invitación a la mejoría constante, es acompañar a un individuo a tomar decisiones con la mayor y mejor información posible para resolver situaciones, lograr metas o aprender de sí mismo para su beneficio y el de los demás. Y en ese mismo sentido, sobre la ética, Savater nos dice que: "Para lo único que sirve es para intentar mejorarse a uno mismo" (Savater, 2002, p. 75).

En la actualidad la responsabilidad de los coaches es generar el impacto necesario para llevar aprendizaje transformacional a líderes y colectivos humanos influyentes, que hoy inciden en la educación, la política, la salud y el liderazgo, entre otros ámbitos. Esto generó la necesidad de trabajar juntos para hacernos cargo de una serie de aspectos relacionales como:

> ➢ Avanzar hacia formas de convivencia más armónicas.
> ➢ Generar respeto al entorno y las diferencias.
> ➢ Reconocer distintas cosmovisiones.
> ➢ Sostener espacios de contención y conexión.
> ➢ Validar la interdependencia en la que vivimos.
> ➢ Hacer una transformación cultural que implique un cambio de conciencia.
> ➢ Atreverse a ser aprendices de los nuevos desafíos globales.

El Coaching, indudablemente, necesita generar transformaciones efectivas, significativas y consistentes, sin perder de vista que se actuará en un mundo global habituado a operar desde la competencia, el individualismo, la falta de empatía, la ambición materialista y el consumismo; dentro de un contexto de crisis ambiental, educacional, espiritual y social; con dificultades relacionales, ausencia de liderazgo, incertidumbres con respecto al futuro. Y un marco así de complicado significa también un reto importante para definir el lugar ético desde donde opera el coach.

Es el Código de Ética la referencia orientadora fundamental, que otorga los cimientos que cuidan tanto al cliente como al coach, y a otros que forman parte de sus redes relacionales. Este lugar de cuidado respetuoso generará un contexto adecuado para que el aprendizaje surja y se produzca el despliegue del ser o los seres humanos a quienes acompaña el coach.

Aun contando con esos parámetros que el Código nos proporciona, las diversas circunstancias enfrentadas nos llevarán a seguir cuestionándonos ¿cuánto de lo que se hace, honra las propias convicciones éticas del coach?, ¿qué necesitan cuidar alineadamente los coaches en el ejercicio de la profesión?; este último es un interrogante medular, cuya respuesta puede convertirse en un campo para operar, que funcione como un contexto guardián de nuestro actuar cotidiano en el ejercicio del Coaching.

Ejercicio

Todo coach se ve expuesto a dilemas éticos, en los que, de una manera u otra, es susceptible de caer en desaciertos con respecto a alguno de los indicadores de competencia que estudiamos.

Proponemos realizar el ejercicio siguiente, que permite que cada profesional del Coaching pueda revisar comprometidamente su comportamiento ético y encontrar caminos de mejora.

Te pedimos que completes la matriz evaluativa revisando tu experiencia personal como coach profesional, tomando en cuenta los dilemas éticos a los que te viste enfrentado.

Es necesario que respondas con un máximo de honestidad, usando una escala del 1 al 10, donde 1 es la mínima presencia del indicador ético señalado y 10 la máxima.

Indicadores de competencia	1 a 10
1. Demuestra integridad personal y honestidad en interacciones con clientes, patrocinadores y las partes interesadas relevantes	
2. Mantiene sensatez ante la identidad, el ambiente, las experiencias, los valores y las creencias de los clientes	
3. Utiliza lenguaje adecuado y respetuoso con clientes, patrocinadores y las partes interesadas relevantes	
4. Acata el Código de Ética de la ICF y respalda los Valores Claves	
5. Mantiene la confidencialidad con la información de cada cliente, según los acuerdos con las partes interesadas y las leyes pertinentes	
6. Respalda las distinciones entre Coaching, consultoría, psicoterapia y otras profesiones de apoyo	
7. Remite clientes a otros profesionales de apoyo, según corresponda	

Una vez realizada esta autoevaluación elige aquel indicador con más baja calificación y responde las siguientes preguntas:

➢ En los procesos de Coaching que has brindado y fundamentan tu evaluación, ¿por qué crees que tu calificación es baja?
➢ ¿Qué te moviliza a tomar decisiones que se alejan de lo éticamente esperable?
➢ ¿Qué podrías hacer para mejorar tu evaluación?

Bibliografía

Castro, M.: *Coaching en acción*. Trillas, México, 2016.

Marina, J.: *La inteligencia ejecutiva*. Ariel, Barcelona, 2012.

May, P.: *Ando lento, sabiduría para tiempos confusos*. Ediciones Urano, Chile, 2019.

Mindell, A.: *Sentados en el fuego. Cómo transformar grandes grupos mediante el conflicto y la diversidad*. Editorial Icaria, Barcelona, 2014

Ribeiro Soriano, D.: *Asesoramiento en dirección de empresas*. Ediciones Díaz de Santos, Madrid, 1998.

Savater, F.: *Ética para Amador*. Ariel, México, 2002.

Varios: *Mesa redonda. Ética e información*. Colección Seminarios de investigación, Seminario bibliotecología, información y sociedad 2. Centro Universitario de Investigaciones Bibliotecológicas, Universidad Autónoma de México, 2005.

En línea:

Código de Ética International Coaching Federation (ICF).

https://coachfederation.org/app/uploads/2020/01/ICF-Code-of-Ethics-Spanish-Final-Revision-11152019.pdf

Código deontológico y la ética profesional, por Bertha Martínez Zamora.

https://es.scribd.com/document/451685103/Codigo-deontologico

Datos históricos y estadísticos International Coaching Federation (ICF).

https://coachfederation.org/history

Acerca de los autores

Adriana (Nana) Vásquez
Master certified coach, miembro fundador del Capítulo Colombia de la Federación Internacional de Coaches; psicóloga, especialista en Recursos Humanos con treinta años de experiencia en Desarrollo Humano y Organizacional en países de habla hispana. Tiene, además, dieciocho años apoyando la formación de coaches, líderes coaches y master coaches. Es master en Facilitación de Conflictos y Cambio Organizacional con metodologías de Processwork, Coach sistémico y Consteladora organizacional. Consultor senior, dirige y participa en programas de transformación cultural. Es faculty y coach de Center for Creative Leadership; dirige programas de formación de ejecutivos, líderes corporativos y líderes comunitarios.
adriana@nanavasquez.com

Lidia Muradep

Directora y fundadora de la Escuela Argentina de PNL y Coaching. Co-fundadora de la Escuela Española de PNL. Master coach certificada (ICF). Master coach profesional (AACOP). Trainer en el Arte de la PNL,s Florida, EE.UU. Mentora y supervisora de Coaching - Goldvarg Consulting Group. Coach ontológico empresarial, certificada por Newfield Consulting y el Instituto Tecnológico de Monterrey. Técnica en Liderazgo y Diseño Ontológico del Instituto de Capacitación Profesional. Expresidenta del Capítulo Argentina de la ICF. Autora de *Coaching para la transformación personal, una integración entre la PNL y la Ontología del lenguaje.*
lidiamuradep@fibertel.com.ar

Mary Carmen Castro

Doctora *honoris causa,* por el claustro doctoral Iberoamericano, master y mentor coach (ICF), Directora de Cotan Empresarial y Vida, institución dedicada a la formación de coaches en México y Latinoamérica, así como a capacitación, consultoría, servicios de Coaching de vida, tanatológico y a altos ejecutivos empresariales. Conferencista internacional especialista en cambios organizacionales, inteligencia emocional, tanatología y desarrollo de líderes, entre otros temas. Es autora de 17 libros de Coaching y Tanatología.
hola@marycarmencastro.com

Paz Zagal

Master certified coach (ICF) y master coach ontológico (FICOP). Coach, mentor coach, supervisora y consultora. Directora académica de Newfield Network. Coach ontológica con 17 años de experiencia liderando la investigación y generación de metodologías de aprendizaje. Acompañó en su formación a más de 6.500 coaches ontológicos en el mundo. Creadora de programas de especialización para coaches con foco en el trabajo emocional y corporal. Se desempeña como coach y consultora organizacional para empresas nacionales y multinacionales. Coaching ejecutivo, de equipos y de alta dirección. Autora del libro *Transformarse para transformar. Fundamentos del Coaching Ontológico.*
pazzagal@gmail.com pzagal@newfield.cl

Capítulo 2

Encarna una Mentalidad de Coaching

Damián Goldvarg - Alicia Agüero
Tani Sturich - Elena Espinal

El verdadero buscador crece, aprende,
y descubre que siempre es el principal
responsable de lo que le sucede.

Jorge Bucay

Definición de la competencia

La ICF revisó su modelo de competencias y en el apartado Cimientos agregó una nueva competencia sobre el *ser* del coach: Encarna una Mentalidad de Coaching.
Es definida de la siguiente manera:

**Desarrolla y mantiene una mentalidad abierta,
curiosa, flexible y centrada en cada cliente.**

Esta definición involucra un profundo hacerse cargo del propio autoconocimiento, y una constante ampliación del mundo, no solo desde el saber o la acumulación de conocimiento, sino desde la curiosidad imprescindible para identificar los mundos más complejos de nuestros clientes, deseosos de danzar con ellos como seres únicos y diferentes.

La competencia va dirigida a un aspecto poco considerado hasta ahora, que tiene que ver con el *ser* del coach, y se enfoca en la influencia que ejerce en el cliente, en sí mismo, en la situación de Coaching y en el futuro, desde su manera de mirar, preguntar e interactuar.

Las habilidades requeridas

De acuerdo con la ICF estos son los componentes de la competencia:

1. Reconoce que los clientes son responsables de sus propias elecciones

Es importante reconocer que los clientes son responsables de elegir libremente los caminos que van a seguir. El coach los invita a ver lo que les sucede y a darse cuenta de que hay otras maneras más poderosas de observar y vivir sus vidas. Para lograrlo, los invita a explorar las relaciones que construye y su forma de actuar en diversos ámbitos, como por ejemplo, la familia, el trabajo y la vida académica.

Reconocer la responsabilidad del cliente e invitarlo a buscar sus propias decisiones, sus propias respuestas, permite probar diferentes puntos de vista desde donde observar antes de tomar las propias decisiones desde un lugar de poder personal, que permitan distinguir y desarrollar las habilidades requeridas y decidir qué acciones tomar.

Es el reconocimiento de la propia responsabilidad lo que le permite al cliente comprometerse con las acciones que elige, teniendo la posibilidad de vislumbrar y después lograr resultados extraordinarios.

Los coaches no damos soluciones o respuestas a las inquietudes que se comparten en la sesión, ya que el desafío al que se invita a transitar al *cliente* en la conversación es encontrar las propias respuestas, reconocer las herramientas que ya tiene y las que puede incorporar o aprender.

Es importante que el coach:
- ➢ Respete las decisiones del cliente durante todo el proceso de Coaching.
- ➢ Acepte las expresiones del cliente y las acciones que eligiera diseñar.
- ➢ Acompañe, asista al cliente y colabore con él en un marco de aceptación.
- ➢ Evite la inducción o la manipulación.

Ejercicio de reflexión ─────────────────────────

Te invitamos a reflexionar a partir de estas preguntas:
- ➢ ¿Cómo identificas cuando el cliente se hace responsable de sus decisiones?
- ➢ ¿Qué obstáculos puede encontrar el cliente en ese proceso?
- ➢ ¿Qué haces cuando no estás de acuerdo con las decisiones del cliente?
- ➢ ¿Qué grado de responsabilidad te compete por el éxito o el fracaso del cliente?

2. Participa en el aprendizaje y en el desarrollo continuo como coach

El trabajo de Coaching, para ser eficaz, requiere comprender los desafíos que enfrenta el ser humano en el mundo actual: incertidumbre, cambio acelerado, necesidad de una mirada ecológica que considere las consecuencias de las propias acciones, importancia de narrativas que den sentido a la inquietud humana, discriminación y diversidad, confusión en los líderes, claridad en lo que significa el poder personal y cómo ejercerlo y la necesidad de control, entre muchos otros. Se hace necesario, entonces, lidiar día a día con los cambios de todo tipo que se presentan y que no es posible controlar. Esto lleva a la necesidad de una constante ampliación del conocimiento del mundo en el que vivimos, y a una profundización del conocimiento del mundo interior del coach, de sus dolores y sus miedos, y entre estos últimos, del miedo a la incertidumbre.

Una habilidad esencial que el coach debe desarrollar es la de aprender a aprender. El buen ejercicio del Coaching profesional requiere una permanente observación sobre sus prácticas, así como sobre las actualizaciones de sus competencias, la evaluación de los resultados individuales y la participación en comunidades de coaches o de otros profesionales. A través del aprendizaje nos recreamos.

> *El coach, en el mundo actual, requiere, además del desarrollo de competencias y habilidades profesionales, otros aprendizajes tales como el desarrollo de la inteligencia colaborativa, en la comprensión de que su trabajo se lleva a cabo en las conexiones entre individuos, entre equipos y entre organizaciones.*
>
> Peter Hawkins
> *The Heart of Coaching Supervision*

Herramientas de aprendizaje que enriquecen la mirada del Coach

➤ Programas que examinen las implicancias del trabajo remoto y las consecuentes relaciones virtuales, del hogar como entorno laboral, de las tendencias futuras y las cosmovisiones a las que esto conlleva.

➤ Información aportada por los medios virtuales o tecnológicos que permita comprender los desafíos y buscar ser pionero en avanzar hacia formas de convivencia más armónicas.

➢ Adquisición de competencias vinculadas a la diversidad cultural. Ser protagonista de situaciones en las que se promueva la igualdad, entendida como una situación en la que todas las personas experimentan inclusión, acceso a recursos y oportunidades, independientemente de su raza, origen étnico, nacionalidad, color, género, orientación sexual, religión, estado migratorio, discapacidad mental o física y otras áreas de diferencia humana. (Código de Ética de la ICF)

➢ Entender que frente a la incertidumbre, en situaciones donde no sabe qué hacer, lo mejor es pedir la ayuda de un supervisor, un terapeuta o quien considere adecuado. Asumir riesgos, así como los errores cometidos en el camino, por ejemplo, cuando se identifica con el cliente, son circunstancias que lo desafían a expandir su capacidad de aprender.

➢ Estudiar el futuro. Desarrollar habilidades estratégicas.

➢ Informarse consistentemente a través de la prensa para estar enterado de lo que pasa hoy en el mundo.

Es importante, entonces, tener el coraje de ser aprendiz de los nuevos desafíos.

Ejercicio de reflexión ─────────────────────

Responde las siguientes preguntas:

➢ ¿Cómo estás incorporando habilidades tecnológicas?

➢ ¿Cuáles son las temáticas de los foros en los que interactúas?

➢ ¿Qué nuevo estilo de aprendizaje has incorporado a tu práctica de Coaching?

➢ ¿Qué necesitas seguir aprendiendo para servir a tus clientes efectivamente?

➢ Piensa en un cliente con el que te resulta más difícil colaborar. ¿Qué crees que te está mostrando?

3. Desarrolla un ejercicio continuo de reflexión para mejorar su propio Coaching

El coach necesita participar consistentemente en espacios de Supervisión para reflexionar sobre su trabajo, explorar dilemas éticos, recibir apoyo y seguir aprendiendo.

Si bien en la definición de la competencia no aparece la palabra "Supervisión", la reflexión sobre el trabajo del coach es la definición que tanto la ICF como la EMCC utilizan para explicar lo que es la Supervisión de Coaching.

Separamos la palabra, super-visión, para diferenciarla de la administración o la gerencia. La Supervisión de Coaching a menudo es tomada erróneamente como una práctica evaluativa de calidad, y se le otorga un rol de gestión o de instancia de revisión de tareas, en lugar de ser tomada como una oportunidad de desarrollo colaborativo, que ofrece valor a todos los coaches, desde los principiantes hasta los más experimentados. Al separar la palabra super-visión identificamos mejor su significado con lo que puede verse desde la distancia y puede no ser evidente si no nos detenemos a hacer el análisis necesario.

Decimos, entonces, que la super-visión ofrece la posibilidad de acceder a diferentes puntos de vista como resultado de esa distancia. Entendido así, el espacio reflexivo de la Supervisión ayuda a obtener una visión general, a tener la perspectiva del helicóptero sobre el trabajo que tiene lugar en la díada de Coaching.

A medida que el Coaching ha ido creciendo en popularidad, la consideración de lo que es su buena práctica también ha evolucionado, a diferentes ritmos en diferentes continentes. La Supervisión de Coaching es un buen ejemplo de esto. En algunos continentes, como Europa, específicamente en países como Reino Unido, Francia y Alemania, es bien entendida y reconocida como una práctica de desarrollo para los coaches. En otras partes del mundo, como América y Asia, hay niveles más bajos de comprensión de lo que es la Supervisión, y consecuentemente, niveles más bajos de compromiso para con este espacio tan valioso.

La Supervisión proporciona un ámbito donde impera la reflexión necesaria para que los profesionales del Coaching aprendan de su propia práctica. Tanto para los coaches experimentados como para los que están iniciándose, ofrece la oportunidad de explorar problemas, pensar en sus dilemas, manejar las emociones y las barreras personales.

Comprender la cultura es un trabajo de toda la vida.
Elena Espinal

La Supervisión tiene una función formativa, normativa y de apoyo

> La función formativa se enfoca en el desarrollo continuo del coach, e incluye el aprendizaje de nuevos modelos, herramientas y habilidades.
> La función normativa se relaciona con la exploración de dilemas éticos.
> La función de apoyo se enfoca en ofrecer un espacio de exploración de las emociones, de las respuestas emocionales del coach frente a lo que comparten con él sus clientes

Modelo de los Siete Ojos, de Peter Hawkins, aplicado a la Supervisión

Peter Hawkins desarrolló un modelo para entender los sistemas que interactúan en una sesión de Supervisión. El modelo ofrece la oportunidad de explorar tres sistemas: cliente-coach, coach-supervisor y el contexto a través de siete ojos o variables a tener en cuenta.

Ojo 1: ***El Cliente***. Quién es el cliente. Qué contrato de Coaching hizo. Cuáles son sus inquietudes.

Ojo 2: ***Intervenciones del coach***. Qué hizo el coach durante la sesión.

Ojo 3: ***Relación coach-cliente***. Qué diría una mosca observando la relación a la distancia. ¿Qué tipo de baile están manteniendo?

Ojo 4: ***La experiencia propia del coach:*** Qué le pasa al coach con su cliente.

Ojo 5: ***La relación entre el coach y el supervisor.***

Ojo 6: ***El supervisor***. Qué le pasa al supervisor cuando trabaja con el coach.

Ojo 7: ***El contexto***. Qué está pasando a nivel social, económico, político, etc.

Ejercicio ———————————————————————

Piensa en un cliente con el que estás trabajando actualmente o has trabajado en el pasado y responde estas preguntas:

➤ ¿Quién es el cliente? ¿Cuál fue el acuerdo de trabajo?
➤ ¿Qué intervenciones tuviste durante la conversación de Coaching con tu cliente? ¿Qué herramientas implementaste?
➤ ¿Cómo es tu relación con el cliente?
➤ ¿Qué te pasa cuando trabajas con tu cliente? ¿Qué emociones te produce?
➤ ¿Cómo afecta el contexto en tu trabajo con el cliente? ¿Qué está pasando a nivel social, político, económico?

4. Permanece consciente de y abierto a la influencia en sí y en otros del contexto y de la cultura

Una forma de definir cultura es diciendo que es el conjunto de conversaciones, valores, creencias y rituales compartidos que moldean una manera de ver el mundo, y que es específica de grupos, tiempos históricos (incluyendo historias familiares) y geografías.

La cultura es uno de los sistemas que nos maneja, nos dice qué y cómo pensar, porque su principal función es que nada cambie, y que el mundo sea percibido como predecible y estable. Las culturas son distintas en diferentes personas, empresas, sociedades o países.

El modelo cultural que abrazamos tiene sus orígenes en nuestra propia historia, en los cuentos con los que hemos crecido, y por supuesto, en la zona geográfica donde nacimos o vivimos (Oriente, Occidente, Norte, Sur), en los grupos sociales a los que pertenecemos y en diferentes puntos de vista que definen nuestra relación con el *otro* y el mundo, por ejemplo, con los grupos LGBTQ+ (lesbianas, gays, bisexuales, transgénero, queers y otros no incluidos), con personas con capacidades diferentes o con un color de piel distinto o de otras religiones.

Estas diferencias también suponen el acceso diferenciado a recursos y oportunidades. Es un tema de suma importancia, porque los límites y las distancias han desaparecido, y la sensibilidad para comprender cómo conviene observar el mundo y verse a uno mismo puede significar la posibilidad de asistir mejor a otros como coach, al expandir la capacidad de observación.

Una primera instancia de aprendizaje puede estar en acercarnos a clientes de otras culturas desde la curiosidad genuina, aunque reconociendo que las preguntas siempre provienen de la propia manera de escuchar y de observar.

Ejercicio

Te invitamos a reflexionar a partir de estas preguntas:
> ¿Qué tendrías que saber del cliente y de su cultura que permita que se sienta cómodo, abierto y en intimidad durante el proceso de Coaching?

> ¿Qué no estarás viendo del mundo del cliente y no te permite ser un coach efectivo?

> ¿Qué separa el tamaño del mundo que ves tú, como coach, del tamaño del mundo que ve el cliente?

> ¿Qué tanto más efectivo serías como coach si conocieras el contexto de tu cliente y su realidad cultural?

---

5. Usa la conciencia de sí y la propia intuición en beneficio de clientes

Las relaciones, en general, están basadas en modelos profundamente arraigados en nuestra historia, en la búsqueda del reconocimiento como personas y en evitar la indiferencia.

La alianza relacional tiene a la empatía como base para hacer posible el Coaching. Cuánto nos importa el cliente es evidente, de alguna manera, para él. Muchos coaches se centran en "resolver el asunto", y olvidan que el Coaching no pone su interés sobre "el asunto", sino sobre quién es el que mira u observa ese asunto. Nuestro Coaching se dirige a la persona, a asistir en la creación de un observador que se sustente sobre su poder cuando observa, y que desde allí elija una nueva manera de accionar, que lo conduzca a crear el futuro anhelado.

Reconocimiento de nuestros propios patrones relacionales: Esta es una estructura básica, que nos puede servir para darnos cuenta de cómo influimos y a qué terreno relacional llevamos al cliente. No hay una forma *correcta*, y si la hubiera, estaría fuera de lo humano conocerla, pero la competencia pide ser "conscientes" de lo que traemos a la relación de Coaching.

Para abordar este tema recurrimos a lo dicho por Karen Horney, reconocida psiquiatra y psicoanalista, que dice que de acuerdo con las relaciones trascendentales de la niñez, aparecen tres relaciones básicas.

➤ Movimiento hacia el otro

Busca la conexión y se preocupa sinceramente por el otro. Este modelo relacional crea vínculos poderosos con el *otro*, de empatía y cercanía. Normalmente un niño pequeño considera que es fácil obtener la intimidad y la aprobación de sus padres. Pero para no perder ese espacio, es posible que tenga la necesidad de complacer, no desafiar, y acordar. Frente a un cliente, ese coach hace lo mismo que el niño y trae esa manera de observar la realidad.

➤ Movimiento en contra

El coach se siente muy cómodo desafiando a su cliente, no "comprando las historias", y lleva certeramente a la acción. Un niño considera que defenderse, o actuar caprichosamente, o mostrar su capacidad para comprender o sorprender son formas asertivas de lograr la atención y el amor de sus padres. A veces, el coach, que aprendió este modelo, busca, con su cliente, llegar a la intimidad dando consejos, o desafiando de más, o buscando una forma de mostrar que agrega valor, restringiendo así el espacio de desarrollo y responsabilidad del cliente.

➤ Alejarse

Este movimiento puede ser muy poderoso, porque permite transitar los espacios de silencio con comodidad, estar *presente* aún frente a momentos emocionalmente intensos. Un niño, frente a situaciones que considera amenazantes, se aleja y se calla. Lo hace por miedo. Cree que su silencio lo protege. No se da cuenta de que lo separa. En la adultez, un coach que haya crecido con este modelo, es posible que no aproveche espacios de intervención, y que así la relación de Coaching se diluya a causa de sus silencios o de su temor a hablar clara y directamente.

La importancia del trabajo del coach en sí mismo se destaca en este punto. El tamaño de mundo que el coach observa y con el que se relaciona tiene que ser mayor que el de su cliente porque, si no, la consecuencia va a ser la imposibilidad de asistirlo de manera adecuada, y esto implica convertirse en una traba para su desarrollo. Estamos limitados en nuestra capacidad de generar sentido de acuerdo con el nivel de relación que tenemos con el *afuera*. Si esa relación y las distinciones que tenemos son menores en número y tamaño a las del cliente, trabamos su desarrollo.

Los coaches tenemos una sola herramienta de trabajo: quienes estamos siendo durante la conversación de Coaching. El mejoramiento de esa herramienta no puede detenerse, porque cuando lo hace, limita nuestra capacidad de oferta laboral. Esto también impacta en las relaciones, en la forma en que nos acercamos o alejamos del cliente, en el tipo de preguntas que hacemos y en cómo, sin darnos cuenta, corremos el foco de aquello que no escuchamos o no podemos escuchar.

En el desarrollo del mundo interno del coach importa su relación con este tiempo volátil, incierto, complejo y ambiguo (VUCA, como se lo denomina al tomar las iniciales de los adjetivos que definen nuestra coyuntura en idioma inglés), y la perspectiva de crear el futuro antes de buscar dilucidarlo a través de la adivinación.

Ser un coach que lleva al desarrollo requiere de un trabajo personal que haga que más que "conocer teorías" busque experimentarlas y aprender de esas experiencias, así como también requiere comprender al cliente y tener una relación con el tiempo que permita moverse en lo desconocido. Conocerse a sí mismo requiere de una convicción profunda y permanente que lleve a explorar el propio mundo, aún en las zonas más oscuras, confrontando inclusive con el miedo a entrar en esos terrenos. Escuchamos y observamos desde nuestro mundo. Eso trae el arte del Coaching a la práctica. Cada coach creará una relación y hará las preguntas según cómo observa el mundo de su cliente desde su propio mundo. Por eso es que conocer el propio mundo es trascendente para darse cuenta de cómo nosotros mismos declaramos qué es imposible o qué no está bien.

Nuestra forma de aceptar lo que el otro dice, verbal y no verbalmente, a través de sus emociones, hará que se transforme el campo que se comparte con el cliente. La forma en la que el coach escucha y toma lo dicho le pertenece, y no necesariamente es lo que el cliente dijo o quiso decir. Hay una subjetividad muy rica y muy densa en juego todo el tiempo.

Los orientales usan mucho más el hemisferio derecho del cerebro y la intuición en la toma de decisiones. Se atreven más a relacionarse desde ese lugar que desde el raciocinio.

¿Cómo reconoce el coach el aporte de la intuición? ¿Cómo desarrolla la intuición? Al ser un aspecto de pensamiento lateral, está totalmente relacionada a las sensaciones, que están presentes en cada cuerpo humano. ¿Cómo identificarla? Relacionándose con ese aspecto en todo espacio cotidiano que lo permita. Aprender a "leer señales" emocionales o corporales es un camino para lograr este desarrollo.

En el trabajo de Coaching, el uso de la intuición es un regalo inesperado y rico que puede asistir al cliente en la navegación hacia la creación de nuevos mundos.

Te invitamos a reflexionar a través de estas preguntas

> ➤ ¿Qué tanto te conoces a ti mismo y qué medios utilizas para profundizar este conocimiento?
> ➤ ¿Cómo usas la intuición en tus conversaciones de Coaching?
> ➤ ¿Qué efecto ha tenido en tus procesos de Coaching escuchar a tu intuición?

> ➤ ¿Cómo identificas tus patrones relacionales con tus clientes?
> ➤ ¿Qué influye para que tus patrones de relación cambien?
> ➤ ¿Qué estrategia pones en juego para ser empático con tus clientes?

6. Desarrolla y mantiene la capacidad de regular las emociones propias

Como seres humanos, somos emocionales, vivimos en un flujo continuo de sentimientos, estados de ánimo y emociones que se entrelazan con nuestros deseos, nuestras experiencias y preferencias. Sin embargo, a pesar de que las distintas emocionalidades son parte integral de la experiencia humana y sustentan todas las formas de acción, puede suceder que a menudo no seamos conscientes de lo que está sucediendo en nuestro mundo emocional ni de cómo esto da forma a la calidad de nuestras vidas.

Los estados de ánimo tiñen y condicionan nuestra relación con otros y con el mundo. Son las lentes con las que miramos, y sin darnos cuenta, creemos que el mundo es no confiable, o que es lucha, o que es amor... Mientras que frente a las emociones podemos, en general, reconocer la causa que las produce, sucede con los estados de ánimo que caemos casi siempre en los mismos, y generan una coherencia en nuestro vivir.

Crecemos aprendiendo que algunas emociones no son legítimas e incluso a temer que, de experimentarlas, no seremos capaces de gestionarlas. Una característica clave para un coach es ampliar la gama de emociones que se permite sentir y expresar de manera adecuada en diferentes contextos.

Se requieren nuevas habilidades para hacerle frente al mundo, y nuevas sensibilidades deben ser aprendidas e incorporadas. Una mayor sensibilidad a los estados de ánimo personales favorece la posibilidad de surfearlos de mejor manera, y esto resulta de utilidad, porque pueden apoyar o bloquear el desarrollo profesional.

Los estados de ánimo son biológicos e históricos. Siempre nos encontramos en algún estado de ánimo, y es importante desarrollar nuestra capacidad para identificar si es el mejor para lo que estamos observando, y si no lo es, diseñar aquél que nos permita colaborar con nuestros clientes de la manera más efectiva posible. Al adquirir esta habilidad, el coach encuentra maneras de generar estados de ánimo que favorecen la creatividad, la innovación y la transformación, y que revelan nuevas posibilidades en su trabajo con los clientes.

Hay otras emociones como la vulnerabilidad y la incertidumbre que el coach necesita a aprender a gestionar. La vulnerabilidad, entendida como la posibilidad de mostrarse auténtico en la expresión de las propias emociones. La incertidumbre como la sensación de miedo a no poder controlar casi nada, a no saber qué va a pasar.

Lo desconocido siempre produce miedo, y el coach necesita trabajar en la relación con sus propios temores, para que no se interpongan en el camino cuando mantiene conversaciones con sus clientes. Para ser un coach efectivo hay que abrirse a la vulnerabilidad, abrazar la incertidumbre, estar preparado para y durante cada conversación, y así de este modo abrir las posibilidades de que los clientes creen un mundo diferente, y experimenten un verdadero proceso transformacional del *ser*.

La práctica del Coaching requiere que el coach transite su vulnerabilidad y que encuentre algún grado de comodidad frente a los estados de ánimo de incertidumbre, de resentimiento e incluso de resignación, y adquiera sensibilidad hacia las posibilidades que se abren en esos estados de ánimo.

La Supervisión es un espacio idóneo para explorar emociones, para reconocer y respetar la propia vulnerabilidad.

El coach debe mostrarse dispuesto a encontrar espacios de incomodidad que le develen sus áreas de oportunidad en este dominio y le generen posibilidades de desarrollo.

Ejercicio

Responde las siguientes preguntas:

> ¿Cómo regulas tus propias emociones?
> ¿Cuáles son los desafíos más importantes para regular tus emociones?
> ¿Qué tan efectivos eres rediseñando estados de ánimo?
> ¿Cuán predispuesto te encuentras a transitar tus experiencias emocionales, de cualquier tipo que sean?
> ¿Cómo describirías tu salud emocional?

7. Se prepara para las sesiones mental y emocionalmente

Es importante considerar que el dominio de la corporalidad impacta directamente en el dominio emocional y mental, y de esta manera reconocer el cuerpo como el lugar que permite trabajarlas, y que, además, muestra a la otra persona cuáles son esas emociones.

En el decir de Maturana: "…la emoción como predisposición para la acción que ocurre en el vivir relacional y que las distintas emociones son distintas relaciones y que a su vez modifican nuestra corporalidad".

Para lograr preparación

> Distingue las emociones que necesitas para encontrarte en condiciones óptimas para la conversación de Coaching. Registra en qué estado emocional te encuentras y logra transformarlo en aquel que te permita fluir en la conversación.

> Antes de la conversación de Coaching realiza un centramiento que te permita estar mental, corporal y emocionalmente preparado.

Existen varias maneras de lograrlo:

- **Meditación.** Prácticas que promueven la relajación. Es muy útil para bajar los niveles de ansiedad y de miedo, entre otros.

- **Trabajo corporal.** El cuerpo es el vehículo que nos permite movernos, expresarnos, accionar e identificar las emociones.

  Algunas prácticas pueden ser:

  - Elongación
  - Ejercicios aeróbicos
  - Respiración
  - Bailes con ritmo adecuado a la necesidad del momento

- **Acomodar el espacio físico o virtual, apropiarse del lugar.** En trabajos presenciales o virtuales, acomodar el lugar de encuentro para que tanto el coach como el cliente se sientan cómodos e invitados a generar el espacio de intimidad necesario.

- **Identificar cuánto tiempo previo se necesita para "llegar" a la conversación.**

- **Hacer visualizaciones.**

- **La forma que le sirva a cada coach para estar _presente_.**

Ejercicio —————————————————————————————

Responde las siguientes preguntas

> ¿De qué forma trabajas con tu cuerpo y mente para mantener un bienestar integral que te permita estar presente en la conversación de Coaching?

> ¿Qué rutinas te permiten mantenerte equilibrado física y emocionalmente?
> ¿Cómo te preparas antes de una conversación de Coaching?
> ¿Qué consideraciones emocionales tienes en cuenta para decidir si trabajas o no con un cliente?
> Si no estás emocionalmente preparado, ¿mantienes o cancelas la sesión?
> ¿En qué circunstancias cancelas una sesión de Coaching?

---

8. Busca ayuda en fuentes externas cuando es necesario

El coach reconoce su vulnerabilidad y se permite identificar las necesidades que tiene, tanto personal como profesionalmente, para lo cual aprende a reflexionar con otros, a pedir ayuda o asesoramiento, y a formar equipos.

El coach efectivo actúa en colaboración con colegas que complementen su tarea. Consideramos esencial que trabaje con un supervisor en forma consistente, y no solo cuando se le presenta un dilema o una dificultad. La Supervisión brinda una oportunidad de aprendizaje constante. Esto se aplica tanto a coaches que recién se inician como a los más experimentados.

Otras fuentes de consulta o derivación:

> Profesionales de salud mental, en caso de que sea necesario hacer derivaciones o consultas.
> Servicios médicos especializados, para consultar por temas relacionados a la salud.
> Profesores de actividades corporales, que aportan prácticas relacionadas a la relajación, la expresión corporal, el ritmo y las actividades lúdicas, entre otras.
> Expertos en el contexto organizacional y/o cultural o en el que se maneje el cliente, para ser más efectivo en su oferta.

Aporte a esta competencia

Michael Carroll expresa que la apertura a la transformación inaugura nuevas maneras de pensar y de hablar, y da lugar a preocupaciones más amplias.

El autor sugiere que los coaches se pregunten:

> - ¿Qué voces necesitan ser escuchadas?
> - ¿Qué palabras necesitan ser dichas?
> - ¿Qué verdad necesita ser reconocida?
> - ¿Qué conexiones necesitan ser realizadas?
> - ¿Qué supuestos necesitan ser desafiados?
> - ¿Qué emociones necesitan ser expresadas?
> - ¿Qué acciones necesitan ser realizadas?
> - ¿Qué relaciones necesitan ser nombradas?
> - ¿Qué secretos necesitan ser descubiertos?
> - ¿Qué fortalezas necesitan ser vistas?
> - ¿Qué limitaciones necesitan ser articuladas?
> - ¿Qué victorias necesitan ser celebradas?
> - ¿Qué pérdidas necesitan ser lamentadas?
> - ¿Qué mapas mentales necesitan emerger?
> - ¿Cuál es el cambio que necesita ser habilitado?
> - ¿Qué miedos no se están enfrentando?

El coach que está abierto a reflexionar acerca de estos interrogantes muestra, a nuestro entender, una mentalidad abierta, curiosa y flexible, como la que propone esta competencia.

Carroll explica que el aprendizaje transformacional está vinculado a varios recorridos posibles:

> - De la vida no examinada a las continuas reflexiones.
> - De las mismas cosas una y otra vez (inconciencia) a nuevas formas (atención plena o *mindfulness*).
> - De lo individual a lo comunitario.
> - Del aislamiento a la conexión.
> - De siempre lo mismo a las sorpresas.

> ➢ De lo estático a lo evolutivo.
> ➢ De cabeza a cabeza, al corazón.
> ➢ De la competencia a la cooperación.
> ➢ De la codicia a la generosidad.
> ➢ De la negación a enfrentar sus monstruos.
> ➢ De la autoridad a la experiencia.
> ➢ De la enseñanza al aprendizaje.
> ➢ Desde el qué de aprender hasta el cómo de aprender, pasando por el proceso de aprendizaje.
> ➢ Del miedo al coraje.

Resultados de la encuesta a master coaches

En una encuesta se les solicitó a coaches con acreditación de MCC que compartan su entendimiento y sus experiencias relacionados con el nuevo modelo de competencias de la ICF.

Transcribimos algunas reflexiones que entendemos de importancia para ilustrar esta competencia.

> "… la aplico siendo consciente de que cada persona viene de una cultura y de una historia que les son propias (…) y escuchándome, para así escuchar a los clientes, incluso intuitivamente, y comprendiendo que a veces debo pedir apoyo o ayuda…" (Isabel Cataño, MCC.)

Este testimonio hace hincapié en lo importante del impacto cultural en el trabajo del coach. Asimismo, se refiere a la vulnerabilidad del coach que comprende la importancia de pedir ayuda.

> "Debo ser profesional, preparándome, estudiando continuamente y sometiendo mi ego a entrenamientos o cursos donde continúe siendo un humano. Donde pueda estar a la par como un profesional, brindando opciones, recursos, desafíos y preguntas para que los clientes logren

lo propuesto. No soy su maestro, somos profesionales mis clientes y yo, cada uno es profesional en lo que hace, y sabemos que debemos prepararnos para avanzar. Me gusta esta definición: mientras más abierto estoy a las creencias de mi cliente, más delicado puedo volverme con él." (Fernanda Bustos, MCC.)

"Esta nueva competencia hace énfasis en el desarrollo personal continuo del coach, para generar congruencia, entendimiento interno y conocimiento de fortalezas y limitaciones. La creación de conciencia es un proceso continuo que el coach debe realizar para poder alcanzar el desarrollo de sus clientes." (Ana L Escalante, MCC.)

Estos dos testimonios refuerzan la importancia de que el coach viva su profesión como un eterno aprendiz. El primero, diferencia el rol de coach del de maestro y hace énfasis en el compromiso mutuo, del coach y del cliente, en avanzar. El segundo se refiere a la creación de conciencia como consecuencia del desarrollo personal continuo.

"Uno de los puntos más importantes es el autoconocimiento. Saber qué me pasa. Volver consciente lo inconsciente, la ceguera en visión, la sombra en luz, para poder hacer cosas diferentes. Seguir formándome constantemente y trabajar sobre mis emociones. Estar abierta a lo nuevo y tomar decisiones con libertad para impactar en los espacios donde me relaciono con otros. En definitiva, qué quiero aportar a la cultura de la que soy parte." (Sandra Gutterman, MCC.)

Este testimonio sintetiza diferentes aspectos de la competencia que estudiamos, en especial, la importancia para el coach de seguir trabajando en sí mismo como instrumento. A partir de la aceptación de las dualidades (consciente/inconsciente, ceguera/visión, sombra/luz) y de la formación constante, se logra aportar a las diferentes culturas.

Ejemplos de aplicación de la competencia

Los master coaches aportan algunos ejemplos sobre la aplicación de Encarna una Mentalidad de Coaching en su vida:

"Continúo estudiando, puliéndome. Tanto en la profesión como en la vida personal, lo que creo es fundamental. Hacer meditaciones es algo que suma a mi conciencia, trabajar nuestras relaciones primarias en terapia y en Coaching es algo que suma a la libertad de observación con la que escucho a mis clientes. Sentirme un recurso ante los clientes ayuda a que ellos dirijan la pelota en la cancha. Recordarme que ellos son profesionales en lo que hacen me devuelve el sentido de pertenencia a un juego mayor, donde todos sabemos y ninguno sabe. Ampliar mi conciencia en mi carácter me ayuda a aceptar la diversidad. Sanar mis *issues* me aporta poder y me ayuda a no resentirme. Felicitar y valorar el trabajo hecho por mi cliente le aporta valor y nos da sentido de comunidad. He trabajado con casos muy duros, muertes por terrorismo, aludes donde las personas perdieron todo, hasta grandes empresas. En todos los casos, recordar mi humanidad y ser profesional en la técnica es un equilibrio que requiere estar *presente*, escuchar con el corazón y preguntar con la mente. Para lograrlo, tengo rituales personales, contrato terapia, Coaching y Supervisión. La mejor manera que hasta ahora descubrí es escuchar, preguntar y observar aportando autenticidad y transparencia, ingenuidad y calidez." (Fernanda Bustos, MCC.)

El testimonio expresado, abunda en las posibilidades de identificar las propias necesidades, recurriendo a fuentes de ayuda externas –profesionales en Coaching, terapia y Supervisión–, que aporten equilibrio entre lo personal y lo profesional.

"El proceso interno del coach se parece al proceso de afinación de un violín. No importa cuánto conocimiento tenga el coach, no importa si es Mozart o Beethoven, si el violín que es el coach está desafinado, la música que producirá, que es el proceso de Coaching, será también desafinada." (Ana L Escalante, MCC.)

Esta respuesta expresa, a partir de una metáfora, la importancia y el impacto del aprendizaje y la práctica continuos en el resultado del proceso de Coaching.

Conclusiones

Esta competencia que se agrega al modelo de la ICF y propone encarnar la mentalidad de Coaching asegura que el coach siga aprendiendo en forma continua y afinando sus capacidades para estar al servicio de sus clientes.

La maestría del coach involucra no solo el dominio de la técnica, sino también el compromiso de generar un bienestar integral, para estar disponible y abierto para sus clientes; la capacidad de desarrollar la creatividad, la originalidad, la gestión de emociones y estados de ánimo y una forma de ser única, impactada por muchos años de experiencia. Implica desarrollar una conciencia ampliada del mundo, basada en el contacto con la intuición y con una profunda confianza en sí mismo, en el cliente, en la sesión y en la vida.

Bibliografía

Bloch, S.; Maturana, H.: *Biología del Emocionar y Alba Emoting.* Dolmen Ensayo, 1996.

Cailliau, H.: *L'esprit des religions: Connaître les religions pour mieux comprendre les hommes.* Ed. Milan, 2012.

Carroll, M.: *Supervision: Critical Reflection for Transformational Learning –Parts 1 and 2–*, Taylor & Francis Online, 2010.

Goldvarg, D.: *Supervisión de Coaching*. Granica, Buenos Aires, 2017.
Hawkins, P.; Turner, E.: *Systemic Coaching: Delivering Value Beyond the Individual*. Ed. Routledge, London-New York, 2020.
__________; Smith N.: *Coaching, Mentoring and Organizational Consultancy*. McGraw Hills, Berkshire, 2006.
McLean, P.: *Self as Coach Self as Leader: Developing the Best in You to Develop the Best in Others*. Ed. Wiley & Sons, New Jersey, 2019.
Reynolds, M: *The Discomfort Zone: How leaders Turn Difficult Conversations Into Breakthroughs*. Berrett-Koehler Publishers, California, 2014.

Acerca de los autores

Damián Goldvarg

Master certified coach y expresidente de la Federación Internacional de Coaching, tiene treinta años de experiencia trabajando en más de 50 países. Ha recibido el Círculo de Distinción 2018 de la ICF, por su contribución global a la profesión de Coaching y el Premio de Supervisión 2019 de EMCC, por su contribución al desarrollo de la Supervisión en todo el mundo. Escribió cinco libros sobre Coaching y ha capacitado a cientos de coaches profesionales, mentor coaches y supervisores de varios países, tanto en inglés y como en español.
damian@goldvargconsulting.com

Elena Espinal

Goza transformando desafíos en realidades nuevas. Como pionera en la profesión del Coaching en América, ha trabajado para que tanto individuos como organizaciones encontraran los resultados que buscaban. Tres décadas después, aplica lo aprendido asistiendo a ciegos a transformar sus desafíos en oportunidades a través de un programa de certificación y trabajo para ellos. Hace dos décadas fundó el ICP en Argentina, una Maestría en Coaching en México, en la Universidad de Londres. Codirige el Team Power. Trabaja con grandes empresas de la lista Fortune 500 como coach ejecutiva y organizacional, y con agencias de los gobiernos de Canadá, México y Argentina, en proyectos de transformación social. Como conferencista, recorrió Europa, Asia, África y América. Tiene un PhD en Odontología, Maestría en Patología, Maestría en Salud y Servicios Humanos, y una Licenciatura en Psicología. Es master coach reconocida por la AACOP y la ICF.
eespinal@team-power.com.mx

Tani Sturich

Master certified coach de la ICF, master coach ontológico de FICOP, master coach ontológico profesional y socia honoraria de la AACOP, supervisora de coaches ESIA de la EMCC, mentora de coaches. Con 25 años de experiencia, contribuye a la difusión de la profesión de Coaching y a la búsqueda de calidad formativa. Es socia y directora de A&T Coaching Organizacional desde 1997, desde donde ofrece programas de formación y de perfeccionamiento, y genera aportes sociales solidarios a diferentes tipos de organizaciones. Embajadora de Córdoba y oradora en Desafío Coaching 30 días (Coaching Global). Es, además, coautora de varios libros.

tanisturich@aytcoaching.com

Alicia Agüero

Master certified coach de la ICF, master coach ontológico profesional de la AACOP (Asociación Argentina de Coaching Ontológico Profesional) y master coach ontológico acreditado por la FICOP (Federación Internacional de Coaching Ontológico Profesional). Es mentora de coaches y supervisora de coaches ESIA de la EMCC (European Mentoring & Coaching Council). Desde 1997, es socia y directora de A&T Coaching Organizacional, organización en la que centenares de coaches se han acreditado a nivel PCC (ACTP de la ICF). Es coach de ejecutivos en el desarrollo de competencias comunicacionales y liderazgo. Autora de dos libros y coautora de otros dos.

amaguero@aytcoaching.com

Capítulo 3

Establece y Mantiene Acuerdos

Illary Quinteros - Nancy Tylim

> *En mi mundo, la expresión*
> *"llegar a un acuerdo, a un compromiso"*
> *es sinónimo de vida.*
>
> Amos Oz

Definición de la competencia

La ICF define a la competencia que estudiamos de la siguiente manera:

> **Colabora con cada cliente y con las partes interesadas**
> **pertinentes para crear acuerdos claros sobre la relación,**
> **el proceso, los planes y las metas de Coaching.**
> **Establece acuerdos para el compromiso de Coaching general,**
> **así como aquellos para cada sesión de Coaching.**

Un coach demuestra que se encuentra en dominio de la competencia cuando:

1. Explica qué es y qué no es el Coaching y describe el proceso al cliente y a las partes interesadas pertinentes.

2. Logra un acuerdo sobre qué es y qué no es adecuado en la relación, qué se está y no se está ofreciendo, y las responsabilidades de cada cliente y de las partes interesadas pertinentes.
3. Logra un acuerdo sobre las directrices y parámetros específicos de la relación de Coaching, tales como logística, tarifas, programación, duración, término, confidencialidad e inclusión de otros.
4. Colabora con cada cliente y con las partes interesadas pertinentes para establecer un plan y metas generales de Coaching.
5. Colabora con cada cliente para determinar la compatibilidad cliente-coach.
6. Colabora con cada cliente para identificar o reconfirmar lo que quieren lograr en la sesión.
7. Colabora con cada cliente para definir qué creen que necesitan abordar o resolver para lograr lo que quieren conseguir en la sesión.
8. Colabora con cada cliente en definir o reconfirmar medidas del éxito para lo que desean conseguir con el compromiso de Coaching o en la sesión individual.
9. Colabora con cada cliente para manejar el tiempo y el enfoque de la sesión.
10. Continúa haciendo Coaching en la dirección de los resultados deseados por cada cliente a menos que indique lo contrario.
11. Colabora con cada cliente para terminar la relación de Coaching de manera que se honren las experiencias.

Un Acuerdo efectivo

Cuando recibimos la invitación para colaborar en este capítulo sobre el Acuerdo de Coaching, recordamos algunas conversaciones que tuvimos con respecto al tema hace ya algunos años. En aquella ocasión, conversábamos sobre la importancia de crear un Acuerdo efectivo para que una sesión de Coaching se desarrolle de manera efectiva. La pregunta principal que nos hacíamos era:

¿Qué es lo que hace que un Acuerdo sea efectivo?

Sabemos que las Competencias clave que describe la ICF no son lineales, y que se manifiestan a lo largo de toda la sesión de Coaching. El rol del Acuerdo es anclar el propósito y servir de guía durante toda la sesión. Durante la creación del Acuerdo establecemos un contexto y sostenemos el espacio para que nuestro cliente pueda descubrir y articular cuál es la *intención* (lo que desea explorar) que trae a la sesión y cuál es el *impacto* (resultado) que desea generar a partir de lo que descubre en la sesión.

El Acuerdo se articula explícitamente al principio de la sesión, da un paso atrás permaneciendo siempre en el trasfondo como guía durante la exploración, y vuelve a asomarse durante el cierre. Podríamos decir que el Acuerdo es omnipresente.

Vemos al Acuerdo como el cimiento de un edificio, porque si es fuerte, claro y conciso, soportará con fortaleza y entereza el resto de la sesión. Así como un edificio sin un cimiento fuerte puede venirse abajo, un la sesión de Coaching puede derrumbarse sin un Acuerdo claro.

El Acuerdo es también el GPS de la sesión; nos marca una dirección hacia el destino al que el cliente quiere llegar. Nos permite seguir diferentes caminos elegidos por el cliente, siempre con el deseo de llegar a puerto seguro. Sin el Acuerdo, el coach y el cliente pueden pasear por la sesión sin rumbo claro, sin punto de arribo. Sin un Acuerdo efectivo, la sesión corre el riesgo de quedar en un lugar incierto y confuso.

Relevancia del Acuerdo

La invitación que como coaches hacemos a nuestro cliente cuando empezamos a trabajar en establecer el Acuerdo nos recuerda a la metáfora de "tirarse a la piscina". A menudo, esta es una expresión que hace referencia a decidirse a emprender una acción que nunca se ha hecho y que puede parecer difícil o arriesgada. Hacemos esta invitación ofreciendo salvaguardias para que nuestro cliente pueda navegar las aguas inciertas de la exploración de manera segura y con la plena confianza de que, como coaches, lo acompañaremos y lo cuidaremos durante el proceso. Es decir, establecemos un contexto de colaboración, confidencialidad, aceptación y transparencia.

El curso y la profundidad de la exploración que sigue una sesión están determinados por el Acuerdo. Si retomamos la metáfora de "tirarse a la piscina", el posible acuerdo de una sesión puede invitar a explorar a distintos niveles. Como coaches sabemos que cada cliente está listo para cierto nivel de exploración, y que nuestra labor es apoyarlo para que logre reconocer cuál es ese nivel, y para que lo encuentre.

> ➤ A veces, se trata simplemente de ser capaz de cruzar al otro lado de la piscina, y el foco está puesto principalmente en las distintas estrategias para lograrlo.
> ➤ Otras veces, no se trata de que el cliente meramente pueda cruzar la piscina y el foco es descubrir el estilo de natación que mejor se adapta a quién es él o ella, y lo que cruzar la piscina significa, tanto para su situación como para su identidad.
> ➤ En otras ocasiones, la invitación es a hacer un clavado y sumergirse hasta el mismo fondo de la piscina para explorar la base misma de las creencias y los puntos ciegos. En estos casos, el cruce de la piscina

se hace por debajo de la superficie, y las guías para emerger al otro lado son el GPS interior del cliente y las coordenadas establecidas en el Acuerdo.

Para entender la relevancia que tiene el Acuerdo de la sesión de Coaching es preciso recordar bajo qué circunstancias se establece. El Acuerdo de la sesión es uno de varios posibles durante un proceso de Coaching.

Cuando el proceso se lleva a cabo en un contexto, como por ejemplo, el organizacional, en el que hay otras partes interesadas, se establecen acuerdos que guían la relación y la estructura del proceso de Coaching. Estos acuerdos dan cuenta de la relevancia o el impacto que se espera que el proceso de Coaching tenga para cada una de las partes. Este podría considerarse el primer nivel en el que se pactan acuerdos cuando se propone un proceso de Coaching.

Un segundo nivel en el que se pacta un Acuerdo es cuando se establecen los planes y las metas para el proceso completo. Es aquí donde se acuerda cuáles serán las áreas en las que se trabajará y se definen los resultados que se busca obtener al final del proceso de Coaching.

El tercer nivel en el que se pacta un acuerdo ocurre en cada sesión de Coaching. Es decir, cada instancia de Coaching empieza con un acuerdo específico sobre lo que el cliente quiere trabajar en esa sesión y cuáles serán los indicadores de logro. Si la sesión es parte de un proceso más amplio de Coaching, el Acuerdo de la sesión debe estar alineado con los acuerdos que se pactaron en los niveles precedentes. En todo caso, ya sea que la sesión sea parte de un proceso de Coaching más amplio o si se trata de una sesión independiente, siempre depende de un Acuerdo efectivo para llegar a buen puerto.

Claves para un Acuerdo efectivo

Es clave en el Acuerdo establecer qué es importante, para el cliente, que suceda en la sesión. No sabemos a dónde llegaremos al final de la sesión, pero sí sabemos que si definimos claramente a qué puerto le gustaría arribar al cliente, aunque los vientos nos lleven por diferentes caminos, sabremos hacia dónde apuntar y por dónde comenzar.

Algo fundamental en el Acuerdo es descubrir el "para qué". Es decir, qué hace que el tema que trae el cliente a la sesión sea significativo para él. ¿Cuál es la importancia de que el cliente explore lo que se descubrirá en la sesión? Entender el significado nos ancla en la importancia y la oportunidad de transformar ciertas posturas, iluminar puntos ciegos, pararse desde otro lugar con otra perspectiva. ¿Para qué? Para que el cliente pueda elegir con más sabiduría, aplomo, perspectiva, claridad un camino que esté alineado con lo que le importa en la vida. Al encontrar el Acuerdo alineado con su propósito, puede tener más motivación para sustentar los cambios necesarios.

Otra clave para elaborar un Acuerdo efectivo es definir cómo sabremos al cerrar la sesión que hemos logrado lo que el cliente deseaba al principio. ¿Qué es aquello que al final de la conversación de Coaching podría servir de indicador para evaluar el avance que se ha logrado?

Hay distintas maneras de hacer esto. Una posibilidad podría ser invitar al cliente a que se conecte con su cuerpo y vea qué es lo que siente energéticamente. Por ejemplo, pesadez en el pecho, dolor en el estómago o tensión en la garganta. Se le puede pedir al cliente que evalúe de 0 a 10 (tomando a 10 como lo más fuerte y a 0 como la ausencia de la sensación) cómo siente al principio de la sesión determinada parte del cuerpo y en qué numero le gustaría situarse al final de la sesión. A veces, esto cambia en el medio de la sesión y se vuelve a revisar el Acuerdo.

El uso de metáforas también puede ser muy útil para establecer indicadores de logro. Por ejemplo, se le puede proponer al cliente explorar qué imagen le viene a la mente cuando piensa en el tema que está trayendo a la sesión (un bosque oscuro, una habitación desordenada, etc.) y luego preguntarle cómo le gustaría que esa imagen se viera al final de la sesión (un bosque menos tupido y con más luz, la cama tendida en la habitación, etc.)

En general, los elementos que deben estar presentes en el Acuerdo de Coaching, para asegurarnos de que como coach y cliente vayamos bien equipados para entrar en la exploración y poder llegar a buen puerto al final de la sesión son:

1. **Foco de la sesión**
   Preguntas posibles: ¿En qué te gustaría enfocarte en esta sesión? ¿Qué te gustaría trabajar en esta sesión?

2. **Relevancia del tema para el cliente**
   Preguntas posibles: ¿Qué relevancia tiene esto para ti? ¿Qué hace que traigas este tema a la sesión?

3. **Lo que se busca lograr en la sesión**
   Preguntas posibles: ¿Qué te haría pensar al final de esta sesión que valió la pena? ¿Qué tendría que pasar en esta sesión?

4. **Indicadores de logro**
   Preguntas posibles: ¿Cómo vas a saber que obtuviste lo que deseabas de esta sesión? ¿Qué sería algo concreto que quisieras llevarte de esta sesión?

Por último, nos parece que es muy importante entender que el Acuerdo no es rígido. A veces, puede cambiar durante el curso de una sesión y ser revisado en función de lo que el cliente va descubriendo durante la exploración. El coach debe tener la *presencia* necesaria para darse cuenta de que el cliente quizás necesite revisar el Acuerdo, y la flexibilidad para, junto con el cliente, ajustar el Acuerdo de la sesión a la necesidad del cliente, de manera que puedan llegar no solo a puerto seguro sino al puerto correcto.

Obstáculos para establecer un Acuerdo efectivo

Hemos identificado algunos de los obstáculos que pueden dificultar que se realice un Acuerdo efectivo:

> El afán del coach de ir directamente al grano, a lo profundo, al corazón de la sesión, con la intención de apoyar al cliente, sin confirmar primero si él está listo.
> **Recomendación**: Colaborar con el cliente para pactar un Acuerdo que se ajuste a lo que está necesitando en ese momento.

> El coach desea resolverle el problema a su cliente y comienza con las acciones a seguir desde el principio. Esto puede descarrilar la sesión e interponerse en el camino de explorar más profundamente qué está pasando con el *ser* del cliente.
> **Recomendación**: Colaborar con el cliente y preguntarle qué es lo que le serviría más que exploremos en la sesión.

> El cliente no viene preparado a la sesión y no tiene claridad sobre qué es lo que le gustaría trabajar.
> **Recomendación**: Preguntarle qué es lo que está más presente en este momento en su vida o en qué le sería más útil que nos enfoquemos en la sesión.

> El coach no es totalmente transparente con su cliente y saca conclusiones prematuras o incorrectas sobre lo que está diciendo. Por ejemplo, cuando el coach observa que el cliente está hablando de temas

que, desde la perspectiva del coach, no parecen estar conectados con lo que se está pactando en el Acuerdo, y trata de "traerlo de vuelta".

Recomendación: En vez de dar por sentado que el cliente se está alejando de lo que quería explorar, el coach podría preguntarle de qué manera lo que le está diciendo está relacionado con el objetivo de la sesión. Esto abre la posibilidad de indagación sobre lo que puede ser un nuevo descubrimiento, o tal vez, un punto ciego para el cliente.

➢ El Acuerdo no se articula explícitamente y con lenguaje claro.

Recomendación: Tanto el coach como el cliente deben tener claridad sobre el Acuerdo y poder articularlo de manera concreta antes de proceder con el resto de la sesión. El Acuerdo es la brújula de la sesión, y ambas partes deben estar seguras de que siguen el mismo norte.

➢ El coach no ayuda al cliente a ser más específico con lo que quiere lograr en la sesión.

Recomendación: Si el Acuerdo es demasiado amplio, será más difícil de abordar, y la sesión puede ser menos efectiva. El coach debe ayudar al cliente a definir con mayor especificidad lo que desea explorar en la sesión.

➢ El Acuerdo no tiene como foco principal una proyección a futuro.

Recomendación: En una sesión de Coaching, lo ideal es que el cliente identifique y elija una meta futura deseada o que explore cómo está viviendo algo en el presente. Es importante verificar que el Acuerdo no se enfoca mayormente en explorar el pasado sin establecer cómo esto va a ayudar al cliente a movilizarse hacia un futuro distinto.

Posibles preguntas para el Acuerdo

A continuación, ofrecemos algunos ejemplos de preguntas que apuntan a establecer los elementos clave que deben estar presentes en el Acuerdo: foco de la sesión, relevancia para el cliente, lo que se busca lograr en la sesión y los indicadores de logro.

¿En qué te gustaría que nos enfocáramos en nuestra sesión de hoy?	*La coach invita a la clienta a definir un foco para la sesión.*
¿Cuando hablas de _____________, específicamente a qué te refieres?	*La coach indaga para explorar y aclarar lo que _____________ representa para la clienta y tratar de definir un foco más específico para la sesión.*
¿Y cómo te sientes con respecto a eso?	*La coach invita a la clienta a explorar lo que siente con respecto a la situación.*
¿Y cómo te gustaría que fuera?	*La coach invita a la clienta a pensar sobre el estado deseado o un posible futuro de esa situación.*
¿Qué hace que este tema sea relevante para ti en este momento?	*La coach indaga sobre la importancia que el tema que trae a la sesión tiene para la clienta.*
¿Qué tendría que pasar en la sesión para que sintieras que ha valido la pena?	*La coach invita a la clienta a pensar sobre qué es lo que está buscando en la sesión.*
¿Me permites que te diga lo que estoy escuchando hasta ahora para ver si estamos en la misma página?	*La coach pide permiso a la clienta para revisar si están alineadas.*
Entonces, lo que te gustaría trabajar en esta sesión es _____________.	*La coach ofrece a la clienta la oportunidad de articular el acuerdo de la sesión en sus propias palabras.*
Al final de la sesión ¿cómo sabrías que has logrado lo que venías a buscar?	*La coach indaga sobre posibles indicadores de logro para la sesión.*

Conclusiones

Una de las características principales de la conversación de Coaching es que es una conversación orientada al futuro. La idea es que a través del proceso de Coaching el cliente pueda descubrir en sí mismo la sabiduría que lo llevará a desarrollar su potencial interno, y así lograr abrir posibilidades que antes no estaban disponibles para él. La primera exploración que se hace en una sesión de Coaching es la exploración para crear el Acuerdo.

Cuando sostenemos el espacio para que nuestro cliente identifique y articule su propósito para la sesión, abrimos un espacio en el que puede entender, sentir y conectarse con lo que es verdaderamente importante para él.

Un Acuerdo efectivo establece una estructura que permite navegar la sesión de Coaching de manera enfocada y a la vez flexible. Se adecua al nivel de profundidad de la exploración deseada en la que coach y cliente son colaboradores; pero la agenda pertenece solo al cliente.

Un Acuerdo efectivo permite que la conversación de Coaching se desarrolle de manera orgánica.

Un Acuerdo efectivo incluye a todas las demás competencias que son exploradas ampliamente en los otros capítulos de este libro.

El principio de Ética, en el que se funda la relación coach-cliente, es esencial para pactar un Acuerdo que honre verdaderamente a quien es nuestro cliente. La Mentalidad de Coaching nos permite indagar con curiosidad y apertura; Cultivar Confianza y Seguridad nos permite establecer y sostener un espacio óptimo para que nuestro cliente pueda mirar qué es lo que necesita de la sesión. La Escucha Activa y la Capacidad de Provocar Conciencia guían las preguntas que nos ayudan a conectar al cliente con su propósito. Mantener un nivel de *Presencia* que nos permita conectar con la mente, el corazón y la voluntad del cliente nos ayuda a pactar un Acuerdo más significativo. Y finalmente, cada paso de la sesión, empezando por el Acuerdo, tiene como propósito Facilitar el Crecimiento del cliente.

La parte del Acuerdo donde exploramos el "para qué", cuál es la relevancia de abordar e indagar en lo que trae el cliente, nos abre la puerta a su mundo interno (emociones, deseos y anhelos profundos, valores), y nos invita a pasear por ese paisaje constituido por el corazón, la mente y la intuición del cliente, atravesándolo junto a él y mirando con él hacia el horizonte.

El "para qué" nos da el puntapié de hacia dónde comenzar a mirar y apuntala la médula, la esencia, el centro del ser humano. Por eso es fundamental explorar esto profundamente una vez que establecemos el Acuerdo, y esto es lo que hace del Acuerdo el cimiento de la sesión.

Del Acuerdo partimos y en él nos apoyamos para una guía centrada en los valores del cliente, y en qué es lo que más le importa en su vida. Como decíamos al principio, esto hace que el Acuerdo sea la competencia en la cual se basan todas las siguientes. El punto de partida está dentro de la esencia y el ser del cliente, y también del coach. El acuerdo es la brújula que marca el camino de exploración al mismo tiempo que el punto de llegada.

Preguntas para el lector

> ➤ ¿Cómo te aseguras de que el Acuerdo de la sesión corresponde plenamente a la agenda de tu cliente?
> ➤ ¿Qué te facilita entrar en una relación de colaboración con tu cliente al principio de la sesión?
> ➤ ¿Cómo sabes que el Acuerdo de la sesión ha sido articulado?
> ➤ ¿Qué haces cuando te parece que el cliente está llevando la exploración por un camino distinto al que fue pactado en el Acuerdo?

Visualización

Antes de tu sesión, imagina que tu cliente y tú están a punto de emprender un viaje. Juntos decidirán qué necesitan traer en este viaje (por ejemplo, confianza en sí mismo, en el otro, en el proceso de Coaching, ¿qué más?). ¿Cómo te gustaría estar parado frente a tu cliente? ¿De frente, mirándose a los ojos? ¿Uno al lado del otro, mirando hacia adelante? ¿Cómo deciden hacia dónde quieren ir? ¿Por qué ruta? ¿Cómo eligen a dónde arribar? ¿Qué medio de transporte quieren tomar: el tren para disfrutar el paisaje e ir más lento; el avión, para llegar más rápido; un pájaro, para tener más perspectiva y disfrutar del vuelo; un bote a vela, para aprender a navegar los diferentes vientos de incertidumbre y de cambios? ¿En qué necesitan ponerse de acuerdo para que, al final de la sesión, el cliente sienta que arribó a puerto seguro y que en el camino aprendió de sí mismo lo que necesitaba aprender?

Bibliografía

Goldvarg, D.; Perel de Goldvarg, N.: *Competencias de Coaching Aplicadas.* Granica, Buenos Aires, 2012.
_______: *Mentor Coaching en Acción.* Granica, Buenos Aires, 2018.
Kimsey-House, H.: *Co-Active Coaching: Changing Business, Transforming Lives.* Nicholas Brealey Pub, Boston, 2011.
Sieler, A.: *Coaching to the Human Soul Ontological, Coaching and Deep Change.* Newfield Australia Pub., 2005.

Acerca de las autoras

Illary Quinteros

Master certified coach, Mentor-coach y supervisora de Coaching certificada. Ha ejercido en cargos de liderazgo en la Federación Internacional de Coaching como presidenta de capítulo (Chile) y codirectora de

Latinoamérica. Es coach ejecutiva, de liderazgo y especialista en temas de interculturalidad. Durante veinte años ha cultivado una carrera internacional y se considera una nómada global. Es coach y facilitadora adjunta del Center for Creative Leadership desde 2011. Ha trabajado extensamente con UNICEF y UNHCR a nivel global. Actualmente, lidera el área de Coaching y programas de liderazgo para Kaiser Permanente en Washington, DC.
illary.quinteros@gmail.com

Nancy Tylim
Master certified coach, mentor coach, supervisora de Coaching certificada, facilitadora de Atrévete a Liderar (una capacitación para crear líderes y organizaciones valientes basado en la investigación de Brene Brown), facilitadora de Inteligencia Emocional, Diversidad e Inclusión, coach ejecutiva de Fortalezas, facilitadora de Inteligencia Cultural y facilitadora de la previsión. Trabaja como coach ejecutivo, coach de equipos y coach de liderazgo con líderes y equipos internacionales con empresas de Fortune 500, Naciones Unidas y el Center for Creative Leadership.
nancy@nancytylim.com

Capítulo 4

Cultiva Confianza y Seguridad

Tania Rincón - Francisco Junquera
Jordi Vilá - Juan Francisco Ramírez Martínez

El amor no puede vivir donde no hay confianza.

Edith Hamilton

La creación de la confianza

¿Podemos imaginar cualquier tipo de relación de colaboración humana exenta de confianza? Particularmente, en el contexto de las profesiones de acompañamiento, como es el caso del Coaching, es difícil imaginarlas sin esta cualidad.

La creación de confianza y seguridad en la relación de Coaching es un fenómeno integral y de vital importancia, conformado por la manera de *ser* y *hacer* del coach y las respuestas del cliente.

La primera parte de este capítulo se elaboró en base al análisis cualitativo de las respuestas de master coaches a la pregunta "¿qué significa para ti la creación de confianza y seguridad?", y entendemos que esto nos permite ahondar en la definición que brinda la ICF.

Desglosamos la definición apoyándonos en la obra de Carl Rogers[1], en primer lugar, por ser quien más profunda-

---

1   Carl Rogers (1902-1987). Psicólogo clínico desarrollador del modelo de Psicoterapia Centrada en el Cliente y uno de los principales exponentes de la

mente estudió y estableció las características, la relevancia y el efecto de la confianza en una relación de ayuda, y en segundo lugar, por ser él y su obra lo único que se menciona repetidamente en las respuestas de los MCC ante la pregunta mencionada en el párrafo anterior.

En nuestro trabajo ahondamos en las actitudes, los comportamientos y las acciones que el coach tiene que mostrar para generar confianza y seguridad en su cliente, y más importante aún, en la relevancia que esta guarda en la conciencia que desarrolla el cliente para encontrar en él las respuestas.

Se aborda también la confianza desde el punto de vista de la Neurociencia, el modelo de Coaching Ontológico y la aplicación en entornos corporativos.

Descripción de la competencia

La competencia Cultiva Confianza y Seguridad está ubicada dentro del bloque "B", Co-crear la Relación, y la ICF la define como:

> *Colabora con cada cliente para crear un ambiente que le dé apoyo y seguridad y que le permita compartir libremente. Mantiene una relación de respeto y confianza mutuos.*

¿Qué ha de hacer el coach para generar este ambiente de apoyo y seguridad?

Encontramos, primeramente, que mientras las definiciones de ICF se centran en el *ser* del coach, las respuestas de los MCC enfatizan más en las actitudes, las habilidades

---

Psicología Humanista. Centra su propuesta terapéutica en la manifestación de tres actitudes básicas del terapeuta: empatía, congruencia y consideración positiva incondicional. Su obra ha influido profundamente no solo en la psicoterapia sino en la educación y el liderazgo, y muchos de los postulados del Coaching encuentran base en su obra.

específicas que le ayudan a crear confianza y lo que esta genera en el cliente. Creemos relevante que las aportaciones de los MCC van muy de la mano con los postulados establecidos por Carl Rogers para generar una relación de ayuda centrada en el cliente.

La confianza no es una cualidad que posea alguna de las partes. Es una experiencia que se va gestando entre el coach y el cliente, donde cada uno aporta una serie de actitudes y acciones que permiten que ambas partes la experimenten. En términos sistémicos, es una propiedad emergente del sistema conformado por el coach y el cliente, mas no una propiedad inmanente a una de las partes. En Coaching, encontramos cuatro grandes categorías de confianza:

> **Autoconfianza del coach**, quien ante todo ha de manifestar genuinamente quién es, sin máscaras, de manera transparente, mostrando sinceridad tanto en su actuar como en su sentir, incluso atreviéndose a mostrarse vulnerable. Esto demanda una exploración permanente de sí mismo, reconocer sus capacidades, fortalezas y limitaciones, así como sus valores.

> **Confianza en el proceso**. Este apartado incluye la confianza en la alianza entre el coach y el cliente como parte fundamental del éxito del proceso. Es la certeza de que algo va a pasar que va a hacer una diferencia para el cliente, que ayuda a no apurarse por lograr un resultado. Es la danza que se logra entre coach y cliente cuando el coach lo acompaña y crea un entorno seguro.

> **Confianza en el cliente**. El coach lo ve como un ser único e irrepetible. Lo percibe pleno y en toda su grandeza. En términos de Gallwey (1999)[2], "recono-

---

2 Gallwey, Timothy. Conferencia principal en la convención internacional de ICF celebrada en 1999.

cer su potencial más allá de las evidencias presentes, con talento para avanzar". Acá lo importante es lo que siente el coach cuando confía en que el cliente tiene toda la potencialidad para lograr sus objetivos.

> **La confianza del cliente en el coach**. Depende más del mundo interno del cliente y de la manera de significar su mundo. El coach puede hacer gala de una miríada de habilidades, técnicas y actitudes sin que esto cree un clima de confianza. Si bien sabemos que la creación de un clima de empatía y aceptación –que incluye escuchar, acompañar y respetar– gradualmente ayudarán a que el cliente experimente seguridad en el vínculo con su coach, este se verá afectado por las experiencias previas con las que el cliente filtra o interpreta lo que hace el coach.

¿En qué contribuye la generación de confianza al proceso de Coaching?

El proceso de Coaching parte de una premisa fundamental: el cliente tiene en él las respuestas, pero se requiere de un contexto particular para que estas respuestas puedan aflorar. Carl Rogers (1981) señaló cuál es este contexto: aceptación positiva incondicional, empatía y congruencia.

A continuación desglosamos la manera como se genera este contexto en el Coaching.

Las habilidades requeridas por la ICF

ICF detalla en seis puntos las actitudes, comportamientos y habilidades que necesita exhibir un coach para generar confianza:

1. Busca entender a cada cliente dentro de su contexto, lo que puede incluir su identidad, su ambiente, sus experiencias, sus valores y sus creencias

La expresión "aldea global" nos refiere claramente que en la actualidad nuestro entorno social está compuesto por individuos provenientes de diferentes culturas, quienes tendrán una base epistémica distinta, pero no es necesario recurrir a ejemplos extremos: toda persona que asiste a Coaching tiene su propia cosmovisión, que permea toda su experiencia. Es necesario que el coach respete la forma de ser del cliente y su manera de manifestarse en la sesión y en la vida, tanto en su pensar como en sus emociones; que empatice con la forma del cliente de entender el mundo y no imponga sus propias perspectivas. (Este punto se desarrolla en forma más extensa en la competencia Escucha Activamente.)

2. Demuestra respeto por la identidad de cada cliente, sus percepciones, estilo y lenguaje, y adapta su Coaching a cada cliente

Una forma de mostrar respeto por el cliente es esa aceptación de todo aquello que cuente, de ese ser especial al que se le está brindando Coaching. Como dice Echeverría (2007), hay que entender que "tenemos enfrente a un ser humano, un observador legítimo, válido y diferente y desde allí, respetar, aceptar y mirar con compasión su historia, sus palabras, sus interpretaciones y juicios".

Es por esto que se vuelve imprescindible que el coach esté atento al lenguaje de su cliente, que aproveche sus palabras para elaborar a partir de ellas, de manera que la danza entre los dos fluya y la confianza se empiece a construir.

3. Reconoce y respeta los talentos, los entendimientos y el trabajo únicos de cada cliente en el proceso de Coaching

El Coaching es, ante todo, un proceso donde se enfatizan las fortalezas, los talentos, las cualidades, los recursos y las creencias facultativas del cliente, tanto las que tiene como las que desarrolla durante el proceso, donde se lo invita a observarse y reconocerse.

Esto constituye una actitud crucial, que marca la diferencia con algunos procesos terapéuticos, donde el énfasis está puesto en las debilidades, los quiebres del cliente, y en aquello de lo que adolece, sus carencias.

4. **Demuestra apoyo, empatía y preocupación por cada cliente**

El coach capta a su cliente como un ser único e irrepetible, y se aproxima a él con una actitud amorosa, como si pudiera "estar en sus zapatos", manifestando cercanía.

Como coach cuida la experiencia del cliente a lo largo de la sesión, mostrando apoyo y atención, sin que esto signifique hacerse cargo o exhibir una actitud ansiosa, de preocupación, sino un reconocer y tener presente aquellos aspectos, valores y objetivos que el cliente ha indicado que le resultan relevantes.

5. **Reconoce y apoya la expresión de sentimientos, percepciones, preocupaciones, creencias y sugerencias de cada cliente**

En un clima de confianza, el cliente vive un vínculo seguro[3], experimenta una aceptación de su *ser* y se muestra con mayor apertura, más reflexivo y con mayor seguridad, lo cual le permite reconocer las percepciones, las emociones, los sentimientos, los significados, las cualidades y las limitaciones que va teniendo momento a momento (Rogers, 1981). El cliente irá integrando partes disociadas de él, particular-

---

3 Existen, en la actualidad, estudios en Neurociencias que muestran el efecto neuroquímico de un clima de confianza y de vínculo seguro. Quien desee ahondar en esto puede consultar la extensa obra del doctor John Arden.

mente aquellas que no le son fáciles de admitir, las cuales, en un inicio, pudieran generarle una disonancia cognitiva[4].

Sus evaluaciones se tornan más precisas, y desafía los límites que de manera no consciente se había impuesto. Su sabiduría interna va manifestándose plenamente y va reconociendo quién es, y estableciendo objetivos más acordes a esta definición que hace de sí mismo y de sus valores.

6. Demuestra apertura y transparencia como una manera de presentarse con vulnerabilidad y forjar una relación de confianza con cada cliente

Carl Rogers señaló que la manifestación genuina de ayuda del profesional es el elemento *sine qua non* para construir la confianza.

No solo se trata de manifestar una habilidad, o el empleo de ciertas habilidades para generar *rapport*, como las utilizadas por expertos en Comunicación, o el cumplir compromisos pactados, sino la manifestación del coach de manera genuina, dispuesto a reconocer su "no sé," a mostrarse como alguien vulnerable. Pretender mostrar una imagen de perfección, impoluta, de siempre exitoso, pleno y feliz corresponde más a un estereotipo que pudiera generar lo contrario a la confianza.

Neurociencia de la confianza y la seguridad

Hace miles de años que los seres humanos nos diferenciamos de la mayoría de los mamíferos porque nos hemos acostumbrado a estar mucho tiempo en contacto con otros seres humanos que no pertenecen a nuestras familias o cla-

---

4 Experiencia de incongruencia en la persona generada por una idea o creencia que se contradice con otra idea, con una emoción o con un comportamiento; por ejemplo, la percepción de sí misma como alguien amoroso o la de rechazar a otra persona.

nes. Habitualmente convivimos con desconocidos, y en general, solemos sentirnos seguros.

Cuando paseamos por las calles de una ciudad, en un país seguro, o entramos en un restaurante, normalmente no sentimos miedo y confiamos en que nadie nos va a agredir. Incluso llegamos a entablar una conversación con un desconocido para pedir un favor, porque confiamos en que no constituye una amenaza para nosotros. Sabemos intuitivamente que este comportamiento social es vital para nuestra salud y nuestro bienestar.

La confianza invade a las sociedades humanas y es indispensable en la familia, la amistad y las organizaciones. Pero, ¿a qué se debe esa actitud? ¿Existe algo en nosotros que nos haga confiar en los demás? Parece ser que sí. Después de décadas de investigación, la Neurociencia nos ha presentado a la molécula de oxitocina como la responsable de este comportamiento humano, y nos ayuda a desarrollar nuevos caminos para entender mejor la confianza y la seguridad en las interacciones entre personas.

Según Paul J. Zak (2017), reconocido mundialmente como líder en este tipo de investigaciones con la hormona oxitocina, nuestro cerebro libera esta sustancia para el reconocimiento y establecimiento de relaciones sociales, y está involucrada especialmente en la generación de la confianza.

Desde hace casi dos décadas, también se sabe que nuestra amiga la oxitocina y sus receptores se encuentran adicionalmente en el corazón, y parece ser que esta hormona tiene un papel importante en el desarrollo del sentimiento del amor. Por otro lado, para muchos expertos en Cardiología y Neurología, el sistema corazón/cerebro es totalmente indisociable.

Los coaches podemos estar agradecidos a la hormona oxitocina, ya que desempeña una función esencial para llegar a relacionarnos amorosamente con nuestros clientes, ser confiables y establecer espacios "seguros" durante nuestras sesiones de Coaching.

Por otro lado y como hemos visto anteriormente, dentro de las actitudes, comportamientos y acciones del coach para generar confianza, la ICF resalta en su cuarto punto la importancia de demostrar empatía con los clientes.

Hace más de 20 años que Giacomo Rizzolatti, de la Universidad de Parma (Italia), descubrió un curioso grupo de neuronas que llamó "neuronas espejo o especulares" cuando estaba estudiando el cerebro de unos monos. ¿Por qué las llamó así? Parece ser que se quedó sorprendido cuando comprobó que estas células nerviosas se activaban tanto cuando el animal realizaba una acción como cuando veía a otros monos hacer los mismos movimientos y registraba la intención.

Como seres humanos, sabemos muy bien que sufrimos cuando vemos sufrimiento en los otros, o incluso nos emocionamos cuando vemos una película en la que se emocionan los actores.

Estas células, localizadas en el área de Broca y en la corteza parietal del cerebro, son capaces de hacer como si sintiésemos las sensaciones de otros en nuestro propio cuerpo. Esta espectacular forma de inteligencia es la clave de la empatía, una capacidad que debemos mostrar como coaches si queremos generar confianza en nuestros clientes, y podemos entrenarla, sobre todo, a través de las conexiones con nuestras emociones y de la Escucha Activa (competencia 6).

Según Daniel Goleman (2013), además de las emociones y el movimiento, estas neuronas espejo detectan las intenciones de nuestro interlocutor, creando un "contagio emocional".

Por lo tanto, la empatía del coach es fundamental para cultivar confianza y seguridad en sus clientes, no solo porque esto facilita entender sus sentimientos, sino porque ayuda a comprender, compartir percepciones o dar *feedback* sobre cuáles son las posibles intenciones detectadas a partir de sus gestos.

Concluimos el estudio sobre la Neurociencia de la confianza y la seguridad destacando la importancia del tándem oxitocina/neuronas espejo en el mecanismo fisiológico del coach, para crear el ambiente adecuado durante las sesiones.

Una mirada ontológica sobre la confianza

Sigamos, entonces, explorando el "cómo" y el "para qué", en este caso desde la mirada ontológica de Flores, Echeverría y Olalla.

Uno de los autores reconocidos en el tema de la confianza es Rafael Echeverría, especialmente cuando la relaciona con uno de los "5 Actos Lingüísticos", tema del que habla en profundidad en su libro *Ontología del Lenguaje* (2007).

Desde la perspectiva del Coaching, se dice que la confianza tiene una doble cara, es un juicio y es una emoción. ¿Qué significa que la confianza sea un juicio? Recordemos que un juicio es una interpretación, una opinión, y cada vez que emitimos un juicio abrimos o cerramos posibilidades en la vida; por lo tanto, al confiar o no cambiamos nuestra realidad y abrimos o cerramos posibilidades en las relaciones.

La confianza que tendremos en una persona dependerá del juicio que hagamos de ella basados en tres aspectos:

- En el pasado que hemos tenido con ella; es decir, la historia que hemos vivido juntos.
- En las capacidades de la otra persona; es decir, las competencias que tiene para hacer algo.
- En la coherencia entre lo que dice y lo que hace; es decir, la sinceridad.

Si pensamos en las sesiones de Coaching y en cómo se aplica lo dicho, podremos ver que con cada uno de estos puntos vamos construyendo la confianza. Poco a poco confirmamos que lo que le prometimos cuando construimos el acuerdo es lo que realmente está sucediendo a lo largo del tiempo. De esta forma, durante las sesiones, el cliente sentirá que nuestro acompañamiento es cuidadoso, y que con cada sesión construimos una historia en la relación.

Por lo tanto, la confianza dentro de la relación entre el coach y el cliente se pone a prueba en la historia, la competencia o capacidades y la sinceridad.

Echeverría sostiene que la confianza también se pone a prueba con cada una de las acciones que realizamos con el lenguaje; es decir, los actos lingüísticos, las afirmaciones, las declaraciones, los pedidos, las ofertas y las promesas.

A manera de ejemplo, vale la pena preguntarse cuántas veces hemos perdido o dañado relaciones porque alguna de las partes no cumplió con las promesas que hizo. Como coaches, hay promesas que establecemos con el cliente, acuerdos que le permiten sentirse más seguro en su sesión para expresar todo aquello que quiere, incluso lo relativo al aspecto más vulnerable de su ser y, por supuesto, entregar en esta relación su vida.

Olalla y Echeverría (1992) sostienen que nosotros, como coaches, somos "guardianes de la confianza" del cliente; es decir, a lo largo de la sesión debemos ser cuidadosos de esa confianza como si fuera un precioso cristal que tenemos en nuestras manos y que no podemos descuidar en ningún momento.

Podemos decir, entonces, que la confianza es una competencia transversal a la que el coach estará atento en todo momento. "El rol del coach es conferido por el cliente, sin confianza no hay Coaching". ¡Qué frase tan poderosa la de Echeverría y Olalla! Es necesario mirarla con lupa y volverla a repetir una y otra vez para entender cuál es el poder que tiene esta competencia. Cada vez que el cliente se siente seguro y confiado el Coaching logra existir. Podemos extender lo que sostienen ellos a todas nuestras relaciones en la vida: sin confianza no es posible construirlas.

Una sesión de Coaching es un gran momento para que la persona a la que acompañamos pueda sentirse totalmente tranquila en su proceso de aprendizaje, que sea un camino seguro y confiable para transitar. Así como se menciona en la competencia Establece y Mantiene Acuerdos, necesitamos ser coaches impecables desde el inicio de la relación y en cada uno de los acuerdos, como por ejemplo, la confidencialidad, la puntualidad, el dinero y las interrupciones.

Un ejemplo

Durante un proceso de Coaching con una clienta corporativa, una ejecutiva de alto cargo, la coach tuvo la intuición de no contar con la confianza necesaria en una sesión, y en general, en el proceso. Cuando indagó y puso la conversación sobre la mesa, la clienta explicó que hablar de su vida privada en un entorno corporativo no era fácil. Es decir que su confianza y la seguridad en la sesión estaban en juego. Dada esta circunstancia, la clienta y la coach conversaron sobre todas las preguntas, las dudas, aclararon cada punto, e incluso la ejecutiva consideró la posibilidad de elegir no continuar con sus sesiones. Finalmente, decidió seguir adelante, y lo que pudo descubrir en su proceso fue que uno de sus desafíos era tener confianza en su propia vida.

Durante un seminario de Coaching, se dio el siguiente diálogo:

—¿Para qué sirve saber que la confianza es un juicio y que es parte fundamental del lenguaje? Sirve para saber que la confianza se puede construir, mantener y reconstruir, y por lo tanto, es necesario prestarle atención a este punto en particular —dijo el facilitador.

—¿Reconstruir? —preguntó uno de los asistentes.

—Sí, puedes reconstruir la confianza —fue la respuesta.

Saber esto cambió una de las relaciones más importantes del asistente al seminario, y tuvo un impacto muy grande en su vida.

Además de reconstruir la confianza con juicios y actos lingüísticos, es posible hacerlo a través de nuestras conversaciones, del perdón, de ser compasivos, de permitirnos equivocarnos, reparar, sanar y seguir.

Uno de los errores más grandes que podemos cometer como coaches es dar por sentada la confianza. Nos recuerdan Echeverría y Olalla que estar atentos a ella y ser cuidadosos con ella es una clave fundamental para el éxito de nuestras sesiones de Coaching.

Contemplando todo lo anterior, le preguntamos ahora al lector:

- ¿Cómo se relacionan la confianza y la seguridad con el proceso de Coaching?
- ¿Cómo se vinculan con las relaciones en general?

La confianza en el proceso de Coaching

Esta podría ser una conversación entre un coach y su cliente:

—No sé qué es lo que me ocurre, no puedo conectar con ella, por más que lo intento hay una barrera entre nosotros…

—Si habláramos con ella, ¿qué crees que diría?

—Sí, sin duda, a eso le llamo confianza y es un camino en dos sentidos. Si no confío en ella, ella no va a confiar en mí.

—¿Qué necesitas para confiar en ella?

—Pues eso, precisamente, que ella confíe en mi.

Podemos ubicar este diálogo en cualquier contexto: profesional, romántico, familiar, deportivo. Podríamos decir que la confianza es un pegamento que se va fraguando entre las partes, y que curiosamente, mientras más fuerte sea ese pegamento, mayor será la libertad de las personas que forman el conjunto para expresarse como realmente son, singulares y extraordinarias en sí mismas.

En toda relación hay lo que podríamos llamar "Triángulo de la confianza", en el que sus tres vértices ("relación", "tú" y "yo") son honrados de forma permanente cuando existe el talismán o la magia de la confianza.

Cuando confío en ti, sé que todo es posible, me siento seguro a tu lado y sé que tú te sientes seguro al mío; de hecho, se da una relación de reciprocidad. Del mismo modo, sé que esta relación es prácticamente indestructible, puedo mostrarme como soy sin sentirme juzgado, sin temer que lo que ocurra o lo que hablemos sea después utilizado en mi contra.

Pensemos en los entornos organizativos, donde es práctica cuasi obligada aparecer con una máscara de corrección, de aceptación del *statu quo* de cada cual, entornos en los que la tarea es lo fundamental, las personas son meras comparsas de una cultura cuya dirección marca las pautas a seguir en todos los aspectos.

La sociedad está cambiando y también lo hacen las organizaciones. La cultura Teal[5] presenta un nuevo concepto, relacionado íntimamente con la confianza. Este término acuñado en *Reinventar las organizaciones* (Laloux, 2015), nos habla de "construir comunidades profesionales en torno a las almas y no solo a las funciones". Ahí es donde aparece el concepto de confianza, y donde se afirma sin ningún gé-

---

5 La cultura Teal surge de la actividad investigadora de Frederic Laloux, y supone un importante cambio de paradigma en el que se persigue una cultura organizativa de autogestión, donde se acerca el centro de decisión a la actividad real, donde se da una democracia real, que es propia de las catalogadas como "organizaciones con alma".

nero de duda, y tras profundos análisis organizacionales, que el conocimiento del otro, el permitirse mostrarse, es un potente generador de relaciones de confianza.

El mayor conocimiento de las personas va generando vínculos de confianza, entornos seguros en los que desarrollar una profesión es mucho más que eso, es trascenderse y alcanzar un propósito de vida.

Lencioni (2002), nos habla de la confianza en su modelo de *Las cinco disfunciones de un equipo*, y hace hincapié en que supone el pilar de cualquier tipo de relación personal o colectiva, algo que también se observa en el modelo del psicólogo humanista Maslow.

En ausencia de confianza, solo es posible desarrollar un listado de funciones "sin alma", como afirman Laloux y Lencioni (2002): "La confianza es el fundamento de un equipo cohesionado y que funciona. Sin ella, el trabajo en equipo es imposible" (Lencioni, 2002).

Podemos inferir, por tanto, que en el mundo de las relaciones, la confianza da lugar a la piedra filosofal, capaz de transformar el plomo del recelo en el oro de la relación segura y valiente, sea esta del tipo que sea, aunque requiera un trabajo en extremo complejo, debido a los filtros y las creencias que cada uno lleva en su interior.

Entrando ya de lleno en el proceso de Coaching, nuestro entrañable colega Leonardo Wolk (2003) considera a la confianza como una condición esencial, sin la cual el proceso será superficial y anodino, y citando a Rafael Echeverría, en su libro *Coaching. El arte de soplar brasas*, escribe ": "Si una persona me inspira confianza, tengo la impresión de que sabrá hacerse cargo de mí (...) que tomará en cuenta mis inquietudes".

Construir los pilares de la confianza es un trabajo arduo para el coach, especialmente en los inicios del proceso, ya que va a estar siendo, consciente o inconscientemente, evaluado de forma continuada por su cliente, que acabará por otorgarle, o no, la confianza. Esto determina si el cliente le va a permitir al coach adentrarse en los ámbitos más recónditos de sí mismo, de igual modo que el coach le permitirá mostrarse como realmente es y retar al ser brillante que tiene ante sí.

Respuestas de los MCC

A lo largo de las sesiones de Coaching, durante la práctica, encontramos muchos momentos en donde se hace necesario la aplicación de esta competencia. Veámoslo a través de la encuesta entre master coaches que se hizo como parte de la escritura de este libro:

> "En mi caso, he reconocido delante de mi cliente que a mí también me pasan cosas, que no tengo una vida perfecta, que cometo errores y sufro. Cuando lo he hecho, la reacción de mis clientes es de alivio y confianza por estar acompañados por una persona de carne y hueso, que acompaña desde sus propias experiencias y no solo desde sus aprendizajes teóricos…" (Afanador, 2021). (Mostrarnos vulnerables es una forma de construir confianza.)

> "Cuido mucho cómo recibo a mi cliente, cómo lo valido en su dificultad u obstáculo, que se sienta acompañado. Y lo llevo a la práctica a través de mis palabras, pero aún más importante, cuido la experiencia que va a tener al trabajar conmigo. Los tres focos son los objetivos a alcanzar, la relación que construimos juntos y los valores que quiero vivir cuando soy coach" (Gutterman, 2021). (El cuidado aparece desde el primer momento.)

Conclusiones

Todas las competencias se entremezclan en la sinfonía de las competencias de un Coach, danzan entre ellas y crean la alquimia del Coaching (Wolk, 2003).

Es imposible pensar en un proceso de transformación sin construir un entorno seguro en el que la confianza devendrá el principal componente. El Coach es responsable de construir esa confianza o de derivar a su cliente si no se siente capaz de hacerlo, como también es el responsable de ir fortaleciéndola en cada interacción.

En nuestra experiencia como coaches hemos podido ver que la construcción de la confianza consigue la comunión entre el cliente y el coach. La expresión de sus emociones, en la seguridad de que jamás serán utilizadas en su contra, y el convencimiento de que no recibirá juicios, son las claras demostraciones de la construcción de esas relaciones.

Recordemos que sin confianza no hay Coaching, que como coaches somos guardianes de esa confianza y que esta es una competencia transversal y fundamental para que el cliente pueda sentirse seguro y entregar lo más profundo de su alma durante la sesión.

Preguntas para el lector

- ➤ ¿Cómo cultivas la confianza y la seguridad con tus clientes?
- ➤ ¿De qué forma expresas tu vulnerabilidad ante los clientes?
- ➤ Cuando haces Coaching con una persona de una cultura distinta, ¿cómo muestras tu respeto por las diferencias culturales?

Bibliografía

Echeverría, R.: *Ontología del Lenguaje* (1a. ed., 4ta. reimp.). Granica, Buenos Aires, 2007.

Goleman, D.: *El cerebro y la inteligencia emocional.* Ediciones B, S.A., 2013.

Jankowski, M. y col.: *Oxytocin in cardiac ontogeny.* Proc Natl Acad Sci USA 101:13074-9 (2004)

Junquera, F.: *Coaching, ciencia y salud.* LID editorial, 2014.

Kosfeld, M.; Heinrichs, M.; Zak, P.J.; Fischbacher, U.; Fehr, E: *Oxytocin increases trust in humans.* Nature, 2005.

Laloux, F.: *Reinventar las organizaciones.* Arpa, Barcelona, 2015.

Lencioni, P.: *Las cinco disfunciones de un equipo.* Urano, Barcelona, 2002.

Olalla, J.; Echeverría, R.: *El arte del coaching ontológico,* parte I. The Newfield Group, San Francisco, 1992.

Rogers, C.: *El proceso de convertirse en persona. Mi técnica terapéutica.* Paidós, Barcelona, 1981.

Wolk, L.: *Coaching, el arte de soplar brasas.* Gran Aldea, Buenos Aires, 2003.

Zak, P. J.: *The Neuroscience of Trust.* Harvard Business Review, Jan-Feb, 2017.

Zak, P. J.; Kurzban, R.; Matzner, W.T.: *The neurobiology of trust.* Ann N Y Acad Sci., 2004.

Acerca de los autores

Tania Rincón
Es Ingeniera Industrial por la Universidad de los Andes, trilingüe, trabajó 16 años en Organizaciones y tuvo un equipo a cargo en Bayer en la Región Andina y Coca-cola Femsa, entre otras. Es una de las ocho master coach de ICF en Colombia, especialista en Liderazgo Generativo y Coaching Ontológico en Newfield Network Chile. Cursó una Maestría en Lifecoaching en el Institute of Practice of Ontology de Alexander Berlonghi, en Italia. Estudió Women Soul Coaching con Roxana Gravano. Docente de la Universidad de Barcelona para el Master en Coaching y Liderazgo Personal. Desde hace 14 años tiene su propia empresa CreSer Coaching, con la cual acompaña en procesos de transformación a personas y empresas. Escritora del libro *El Lugar de la Suficiencia, el poder transformador del Coaching.* Apasionada desde hace 14 años por este camino, apuesta a espacios de reinvención, crecimiento, aprendizaje y liderazgo generativo.
tania@cresercoaching.com, tania.rincon@ub.edu

Francisco Junquera
Es MCC de la ICF. Formador y mentor en la Escuela Europea de Coaching (EEC). Desde 2006, dedicado al Coaching Ejecutivo yEmpresarial acompañando a personas y organizaciones para humanizar procesos transformacionales. Tiene más de 20 años de experiencia en multinacionales farmacéuticas, desempeñando diferentes funciones directivas.

Experto en Neurociencia y Coaching de Salud. Químico, especialista en Análisis Clínicos y Master en Psicoanálisis por la UCM. Ha publicado trabajos de investigación en el CSIC. Autor del libro *Coaching, ciencia y salud*, publicado por LID Editorial, y coautor de varios otros relacionados con el Coaching y la Neurociencia.
f.junquera@telefonica.net

Jordi Vilá (Jorge Vila, para ICF)
Es MCC por ICF. Desarrolló sus últimos 25 años en posiciones directivas de máximo nivel, fundador de Koakura y Koakura Latam, dedicadas al desarrollo de personas, equipos y organizaciones, es mentor coach y supervisor, y pertenece al pool de mentores de ICF Global. Formador de coaches en programas de España y Latinoamérica, se formó en el IESE y EADA en gestión, y lleva el Coaching Ejecutivo en su esencia desde 2003. Colabora con universidades como ESADE; EAE; el Institut Gestalt, en España; QLU en Panamá; la UCMB, en Paraguay; y BIU, en los Estados Unidos.
jvila@koakura.com

Juan Francisco Ramírez
Es fundador y director del Centro Mexicano de Programación Neurolingüística, S.C. Tiene estudios de Psicología Clínica, una Maestría en Desarrollo Humano y es doctor en Educación. Primer master coach mexicano de la ICF. Es autor del libro *Un Mapa de Ninguna Parte. Devenir del proceso de modelamiento en PNL*, publicado por Editorial Mar, en 2013. Impartió programas y conferencias de Programación Neurolingüística y Coaching para múltiples universidades de México. Tiene presentaciones en los Congresos Internacionales de PNL y Salud celebrados en Helsingør (Dinamarca) y San Francisco (EUA), y en el Congreso Latinoamericano de PNL celebrado en Santiago de Chile. Organizó 11 congresos internacionales de PNL y Coaching celebrados en México. Su servicio como coach ejecutivo, brindado en un estilo cálido, agudo y respetuoso, se fundamenta en la psicología cognitivo-conductual, la PNL, el pensamiento sistémico y 34 años de experiencia como director de empresa.
juan_francisco@cmpnl.mx

Capítulo 5

Mantiene Presencia

Patricia Afanador - Marcelo Bustamante
Isabel Cristina Cataño - Sandra Gutterman

> *La vida es aquello que te va sucediendo*
> *mientras estás ocupado haciendo otros planes...*
>
> John Lennon

Te invitamos a vivir este capítulo como una experiencia personal y de aprendizaje.

Un cuento budista

Durante un caluroso día de verano, Siddhartha Gautama estaba atravesando un bosque junto a su principal discípulo, Ananda. Sediento, el Buda le dijo a su acompañante:

—Ananda, hace algo más de una hora cruzamos un arroyo. Por favor, toma mi cuenco y tráeme un poco de agua. Me siento muy cansado —el Buda había envejecido.

Así lo hizo Ananda. Desanduvo sus pasos, pero cuando llegó al arroyo, acababan de cruzarlo unas carretas tiradas por bueyes que habían removido las hojas muertas y el cieno, enturbiando el agua y convirtiéndola en un lodazal. El agua ya no se podía beber; estaba demasiado sucia. Así que Ananda regresó junto a su maestro, con el cuenco vacío.

—Tendrás que esperar un poco —dijo Ananda—. Iré por delante. He oído que a solo cuatro o cinco kilómetros de aquí hay un gran río. Traeré el agua de allí.

Pero Buda insistió:

—Regresa y tráeme el agua de ese arroyo.

Ananda quedó perplejo, no podía entender la insistencia, pero si su maestro lo solicitaba, él, como discípulo, debía obedecer. Así que volvió a tomar el cuenco en sus manos y se dispuso a iniciar el camino de regreso al arroyo.

—Y no regreses si el agua sigue estando sucia —dijo Buda—. No hagas nada, no te metas en el arroyo. Simplemente, siéntate en la orilla en silencio y observa. Antes o después el agua volverá a aclararse, y entonces podrás llenar el cuenco.

Molesto, Ananda volvió hasta allí, descubriendo que su maestro tenía razón. Aunque aún seguía algo turbia, el agua estaba visiblemente más clara. De modo que se sentó en la orilla, observando pacientemente el flujo del río.

Poco a poco, el agua se tornó cristalina. Ananda tomó el cuenco y lo llenó de agua, y mientras lo hacía, comprendió que había un mensaje en todo esto. Ahora podía comprender.

Rebosante de júbilo, Ananda regresó bailando hasta donde estaba Buda, le entregó el cuenco y se postró a sus pies para darle las gracias.

—Soy yo quien debería darte las gracias, me has traído el agua —dijo Buda.

—Volví enojado al río —contestó Ananda—, pero sentado en la orilla, he visto cómo mi mente se aclaraba, al igual que el agua. Si hubiera entrado en la corriente, se habría enturbiado de nuevo. Si salto dentro de la mente genero confusión, empiezan a aparecer problemas. He comprendido que puedo sentarme en la orilla de mi mente y observar todo lo que arrastra: sus hojas muertas, sus dolores, sus heridas, sus deseos… Despreocupado y atento, me sentaré en la orilla y esperaré hasta que se aclare. Por eso, maestro, yo te doy las gracias.

Una mirada desde nuestro sentir

Hablar de *presencia* es adentrarse en la intimidad de la naturaleza humana: estar amorosamente consigo mismo y con los demás.

Te invitamos a que la lectura que vas a hacer a continuación se convierta en una experiencia personal que te permita definir qué es la *presencia* por ti mismo. Haremos nuestro mejor esfuerzo por ofrecerte una mirada desde nuestro sentir y nuestras vivencias.

Si nos remontamos al origen etimológico del término "presencia" llegaremos hasta el latín, donde *presentia* significa "cualidad de estar delante" y se compone de tres partes diferenciadas:

> - El prefijo *pre-*, que puede traducirse como **antes**.
> - El verbo *esse*, que es sinónimo de **estar**.
> - El sufijo *-ia*, que se usa para indicar **cualidad**.

Así que jugar con la palabra "presencia" y su etimología nos conduce a decir que se refiere a la cualidad de estar ante. Por otro lado, nos lleva a notar que se relaciona con la palabra "presente", que tiene diferentes acepciones; entre ellas, una nos habla del momento actual y la otra nos habla del presente como un regalo.

Podemos decir, entonces, que mantener *presencia* tiene que ver con la capacidad que desarrolla el coach para estar con el cliente en cada momento de la sesión desde una postura amorosa y a su servicio, recibiendo el regalo del encuentro, de manera que pueda escuchar con gran conexión, sintiendo y reflejando todo lo que el cliente expresa.

Estando presente, el coach puede acompañar a su cliente a través de una percepción y una escucha amplias, de un silencio potente que conecta con preguntas precisas y le facilita al cliente verse y descubrir lo que necesita encontrar en la sesión y durante el proceso. Una vez que esto ocurre, el cliente accede a información que tiene en la profundidad de su ser, que le permite sentirse libre, cómodo y coherente con la solución y las acciones que se propone ejecutar.

Cuando el coach está realmente presente, se genera una sensación de fluidez en el espacio y en la interacción, donde no se percibe ningún tipo de presión o direccionamiento por parte del coach, que da la bienvenida a la recursividad y a la creatividad. Cuanto mayor es la habilidad del coach para estar presente, menor es su control sobre la sesión. Cuando se alcanza la maestría, la *presencia* se evidencia en el coach como una postura natural, auténtica, generosa, y sin la pretensión de querer llevar a su cliente por algún camino que pertenezca a su propia agenda.

La capacidad del coach de estar en el *aquí* y en el *ahora*, dejando a un lado su marco de referencia para ingresar al del cliente, le facilita olvidar su postura "egoica", conectar con su sabiduría y hacerse uno con su cliente. De este modo lo acompaña a que encuentre sus propias y nuevas respuestas.

Un coach *presente* manifiesta confianza en sí mismo, en el cliente (con todo lo que trae), y en la evolución que sucede durante el proceso. Cocrea un espacio de fluir, donde el aprendizaje del cliente, el acompañamiento del coach y el proceso que sucede durante la interacción se convierten en uno, guardando prudente distancia de aquello que se manifiesta en la conversación.

De este modo, el coach puede observar y comprender al cliente como un ser integral, dotado de cuerpo, mente, emoción y espíritu; e incorporar lo que de él surge como accesos a su "alma". Las palabras, el ritmo, la velocidad, los patrones de pensamiento, el tenor emocional, las pausas, la respiración, los gestos, el brillo en los ojos, los silencios, tienen significado y sentido. El coach, uniendo todas esas partes que entran en juego durante la sesión, facilita la incursión de su cliente en nuevos planos de conciencia. La efectividad implica escuchar lo que se dice y lo que no se dice, identificar en lo expresado por el cliente, hacia dónde se dirige o de qué o de dónde se quiere alejar. El coach es "partero" del pensamiento del cliente, no puja por él, no se involucra, ni da sugerencias o soluciones. Estando *presente* y desde una conciencia sistémica, conecta lo trabajado entre sesiones uniendo todos los elementos, identificando patrones que expande al resto de las interacciones de la vida del cliente.

La *presencia* es la cualidad de *estar* ante el momento actual y recibir su regalo. Entonces, ¿estás dispuesto a no saber qué ocurrirá, convivir con la incertidumbre y abrazarla como campo cuántico de posibilidades, seguir tu intuición y hacerte uno con el proceso, alejarte de las palabras y percibir el todo?

Te animamos a aventurarte en la experiencia de desarrollar y ampliar tu capacidad de mantener *presencia*.

Una revisión de obstáculos para la presencia

Te invitamos a revisar los siguientes obstáculos, a identificar dónde te encuentras en este momento, como coach, si consideras:

  ➢ El ego
  ➢ Las emociones
  ➢ El miedo
  ➢ El perfeccionismo
  ➢ El deseo de saber
  ➢ El deseo de resolver
  ➢ La presión del tiempo
  ➢ La agenda propia
  ➢ El control
  ➢ La búsqueda de resultados
  ➢ El deseo de complacer
  ➢ La autoprotección
  ➢ Agrega otros tuyos…

Los obstáculos mencionados en el ejercicio de arriba aparecen durante el trabajo del coach. Constituyen desafíos muy humanos, y es de gran relevancia que nos observemos frente a ellos e incluso detectemos otros que se pueden presentar. Muchas veces vienen desde nuestras creencias más arraigadas, que generan miedos y nos llevan a actuar de diferentes maneras de forma inconsciente.

¿Te has puesto a reflexionar sobre las trampas más frecuentes en las que podemos caer como coaches? ¿Has podido identificar con cuánta frecuencia caemos en estas trampas?

Como coaches, sabemos que para poder realizar cambios y aprender, el primer paso es darnos cuenta, tomar conciencia de lo que no sabemos o nos pasa, declarar nuestra ignorancia, y a partir de allí, continuar con el propio proceso de aprendizaje y crecimiento.

Vamos a desarrollar dos de las trampas del listado: el *ego* y las emociones, por considerar que son las raíces de las que surgen las otras.

El ego

En realidad, lo que hace el *ego* es ubicarnos en un lugar de control y de sabelotodo. Cuando aparece, la creencia que lo sostiene es "yo estoy aquí solo y tú estás frente a mí, más precisamente, en contra de mí". En esos casos, corremos el riesgo de que se establezca una relación de poder, en la que se defiende el espacio, el territorio. Esto impacta negativamente en la creación de vínculos de confianza, y la generación de acuerdos se dificulta.

Cuando logramos superar la influencia negativa del *ego*, desarrollamos la capacidad de darnos cuenta si se manifiesta, y esto nos ofrece la posibilidad de elegir, y de ver a los demás como personas a las que les pasa lo mismo que a nosotros. En el caso del coach, esto permite conectarse mejor con el cliente, a partir de la compasión y la empatía.

Se hace posible, de esta manera, que el coach acompañe a cada cliente tomando en cuenta sus necesidades.

Las emociones

Las cuatro emociones primarias que más surgen en la conversación de Coaching son: la tristeza, la alegría, el miedo y la ira. Es necesario señalar que las emociones aparecen de forma automática. Es imposible evitarlas. Lo que sí se puede es decidir qué hacer cuando surgen. Si el coach se siente tomado por alguna de estas emociones, pierde *presencia*.

Una posible manera de abordar las emociones es a través de los espacios de autoconocimiento y reflexión, donde se busca gestionarlas, tomar decisiones con respecto a ellas y seguir creciendo. Esto posibilita acompañar a los clientes de manera oportuna en el manejo de sus propias emociones. Tener conciencia de nuestras emociones y de las trampas a las que nos llevan, nos permite, como coaches, actuar de forma más idónea y efectiva en cada momento de la sesión.

En cada caso y para cada coach cultivar la *presencia* requiere un trabajo diferente, y es por esto que actuar sobre uno mismo, practicar la autoobservación, la meditación, y estar abierto a recibir *feedback* de otros coaches, mentores y supervisores siempre resulta útil.

¿Cuándo se presentan algunos obstáculos?

➤ Cuando tenemos el deseo de "resolver", puede ser que de fondo estemos queriendo tener control sobre el resultado de la sesión.

➤ Cuando necesitamos imponer nuestra propia agenda, podría ser por estar impulsados por el deseo de ser perfectos.

➤ Cuando caemos en la trampa del *ego*, tal vez nos estemos dejando llevar por el querer "lucir bien", por la necesidad de no equivocarnos o por obtener aprobación.

Para mantener un nivel de *presencia* alto, es ideal que el coach transite por un camino donde, entre otras cosas, suelte la necesidad de mantener el control, agradar y cuidar su imagen; conecte con su sabiduría, con su capacidad de ver el potencial y la grandeza en sus clientes, y confíe plenamente en la habilidad que tienen para encontrar sus propias respuestas.

Ahora que hemos ampliado los conceptos...

➤ ¿Con cuáles de estas trampas te identificas?
➤ ¿Qué vas a hacer al respecto?

Recuerda que los espacios de Coaching son espacios de aprendizaje continuo.

Definición de la competencia

Esta es la definición de Mantiene Presencia que ofrece la ICF:

> *El coach es plenamente consciente y*
> *está presente con cada cliente, empleando un estilo*
> *abierto, flexible, bien fundado y seguro.*

Los indicadores de la competencia son seis:

1. Se mantiene enfocado, atento, empático y receptivo con cada cliente

Esto equivale a decir que el coach que Mantiene Presencia está en el *aquí y ahora* de sí mismo y del cliente durante la sesión. Está disponible para su cliente, en un estado de armonía y equilibrio semejante al que logra un director de orquesta. Está abierto a lo que sucede sin predeterminar el paso a paso del encuentro.

Al estar *presente*, el coach acompaña al cliente a navegar a la deriva que propone con sus respuestas. El coach mantiene un estilo abierto, en el que sus sentidos y su atención se focalizan con plenitud en el cliente, y de este modo le facilita salir del "piloto automático", frenar, reflexionar y explorar nuevos hallazgos, de los que aprenderá acerca de sí mismo y de la situación que trae al Coaching.

Esta manera de *estar* del coach es una invitación a que el cliente viva la misma experiencia. Si el coach esta en "piloto automático", las respuestas que da son las que aprendió en otro momento de su vida y repite ante cada situación similar que vive.

Mantener *presencia* le permite al coach transformarse en un espejo en el que el cliente vea reflejado no solo su discurso, sino también sus ritmos, sus tonos, sus movimientos, y sobre todo, la experiencia que está viviendo.

Ejercicio

> ➢ Prepara tu *presencia* inhalando y exhalando, y siguiendo con tu dedo la figura del infinito, como si lo estuvieras dibujando.
> ➢ Cuando pases por las partes altas de la figura inhala, y cuando estés en las partes bajas, exhala.
> ➢ De manera fluida repite este ejercicio durante un minuto sin detenerte, y percibe lo que va pasando en tu cuerpo y en tu mente.
> ➢ Puedes repetirlo con los ojos cerrados.

2. Demuestra curiosidad durante el proceso de Coaching

El coach demuestra una curiosidad genuina cuando se libera de sus propios pensamientos y juicios, con "mente de principiante", sin dejarse condicionar por lo que sabe, y se enfoca en que sus preguntas se transformen en llaves maestras para acompañar al cliente a clarificar la situación de la que no encuentra salida.

El Coaching es un proceso de aprendizaje, así que el coach, para ser efectivo, necesita ubicarse en la etapa de incompetencia consciente; es decir, en el *sé que no sé*.

En Coaching, el saber lo tiene el cliente, y el coach tiene la pericia requerida para indagar poderosamente e iluminar los puntos ciegos. Desde este lugar, la indagación se efectúa con humildad, con ingenuidad, desafiando al cliente a explorar nuevas respuestas y caminos desconocidos hasta ese momento.

3. **Maneja las propias emociones para estar presente con cada cliente**

Cuando el coach se encuentra *presente* es consciente de qué le pasa, es decir, qué piensa, siente y dice. Tiene la capacidad y cuenta con los recursos para reconocer sus estados internos, qué necesita y qué está expresando su cuerpo. El coach es consciente de ser una unidad mente, emoción, cuerpo y espíritu que se encuentra dentro de un contexto mayor.

Al identificar sus emociones, las puede gestionar para que no irrumpan disfuncionalmente y puedan ser incluidas como información relevante en beneficio de la sesión o del proceso.

Como consecuencia de lo anterior, cuando el coach está consciente de sus propios estados emocionales, al hacerse cargo y profundizar en ellos, puede gestionarlos. En ocasiones, las reacciones emocionales del coach se disparan por estados emocionales del cliente. La maestría en el desarrollo de esta competencia también consiste en que el coach pueda llegar a distinguir si el estado emocional que surge en él durante la sesión le pertenece o es un reflejo del estado emocional del cliente.

4. Demuestra confianza para trabajar con emociones fuertes de cada cliente durante el proceso de Coaching

Poder trabajar con confianza en las emociones fuertes del cliente requiere un trabajo personal profundo de autoconocimiento. El coach necesita explorar su universo emocional.

Al estar *presente* para sí mismo y para el otro, el coach logra acompañar al cliente en su estado emocional, y desde esta profundidad, si emergen emociones fuertes, contenerlas sin potenciarlas, sostenerlas, dejando que se mantengan durante el tiempo necesario, y a la vez, indagar, con un alto grado de seguridad, en aquello que ayude a que el cliente perciba sus puntos de ceguera, y comprenda los mensajes que provienen de sus emociones, para que lo acerquen a lo que quiere lograr y vivir.

5. Se siente cómodo trabajando en un espacio de no saber

El coach tiene claridad acerca de que el cliente es quien tiene el saber. Al sentirse cómodo en ese espacio de "no saber", el coach mantiene conciencia de su propia identidad y elige quién quiere ser en cada momento.

Como el coach es responsable del proceso y no de su contenido, el único saber que pone en juego es el necesario para indagar, poner en foco y acompañar el aprendizaje del cliente. Es necesario apartarse del lugar de "saber", de control, de guía. El coach consigue efectividad cuando se siente cómodo en la postura del aprendiz, en su curiosidad e ingenuidad durante la indagación, y desafía al cliente en la búsqueda del logro de sus propios objetivos.

6. Crea o deja espacio para el silencio, la pausa o la reflexión

A lo largo de la sesión y con la intención de que el cliente pueda trabajar en profundidad, el coach abre o permite espacios de silencio y reflexión, respeta los ritmos del cliente y lo acompaña para que encuentre nuevos sentidos y perspectivas, puntos de vista diferentes de los que tenía hasta el momento.

Si bien tiene importancia lo que se habla en la sesión, tienen igual importancia los silencios y las pausas que mantiene el coach para que el cliente reflexione, profundice en aquello que le pasa, elabore y descubra nuevas respuestas.

La indagación en este espacio vacío invita al coach a convivir con el silencio, a tener el valor de no llenar innecesariamente tiempos y espacios, y facilitar así la profundización natural que haga el cliente.

Ejercicio

> ➢ Observa el espacio en blanco siguiente durante un minuto, sé consciente de tu respiración y siente el silencio y el vacío.

Nuestra experiencia con respecto a Mantiene Presencia

Según nuestra experiencia, reconocemos que el estar ante el momento actual y recibir el regalo de lo que sucede se experimenta en tres ámbitos que te invitamos a explorar.

1) *Presencia* con uno mismo

Es un estado de empatía con uno mismo, en donde se está receptivo a lo que pasa en todas las propias dimensiones, porque se presta atención plena a lo que pasa en el cuerpo, en la mente, en las emociones, en el espíritu. Compasivamente, lo percibimos, tomamos nota de ello y atendemos lo que cada parte de uno está pidiendo o el mensaje que está entregando para uno mismo o para la situación que se está viviendo, sea dentro o fuera de la sesión de Coaching.

El guardar silencio a través de la meditación o la contemplación, el escribir a mano de manera libre y automática, así como el dejarse acompañar, son herramientas que permiten acercarse al mundo interno de manera curiosa, libre de juicios, y de esta forma contribuir al desarrollo de la presencia con uno mismo. Se facilita así la comunicación con la propia sabiduría y la dimensión trascendente, que contribuyen mágicamente a lo que sucede en la sesión y propician la comunicación de "alma a alma".

2) *Presencia* con el entorno

El estado de empatía con uno mismo ayuda a abrazar la misma actitud hacia el entorno. Los sentidos se abren a mensajes que entrega aquello que nos rodea. Pueden ser aparentes coincidencias, a las que preferimos llamar sincronías, el paisaje, los encuentros, de repente una llamada equivocada o una noticia en el periódico. Pueden ser los pájaros que se asoman a la ventana o los cambios en el clima, el coche que no enciende en la mañana o la sonrisa de un niño por la calle. Cuando nos abrimos con sencillez, humildad y curiosidad, sentimos cómo el entorno se comunica y guía las propias decisiones y acciones.

3) *Presencia* con el cliente

Cuando estamos en una sesión de Coaching, nos ponemos al servicio de lo que sucede y disponemos nuestro ser para que la comunicación con el cliente fluya por los distintos canales perceptuales que nos entregan información. Nuestro cuerpo de coach, nuestras emociones, nuestra mente, la intuición y el espíritu se aprestan para que se dé la comunicación profunda. Esta se hace posible cuando estamos en amorosa presencia con nosotros mismos y con el otro.

Conclusiones

La competencia Mantiene Presencia nos involucra personalmente, como coaches y como seres humanos. Además de ser una habilidad, mantener *presencia* nos invita a sostener una postura frente a nosotros mismos, frente al *otro* y frente a la vida misma.

> "No regreses si el agua sigue estando sucia —dijo Buda—.
> No hagas nada. No te metas en el arroyo. Simplemente,
> siéntate en la orilla en silencio y observa."

Estar *presente* es eso: estar ahí frente al otro con todos los sentidos abiertos y el cuerpo, las emociones, la mente y el espíritu dispuestos a recibir lo que ofrezca cada cliente en cada momento presente que vives junto a él. Para ser efectivo, el coach necesita enfocarse en servir como observador, y cálidamente, reflejar como un espejo nítido lo que el cliente expresa, para ayudarlo a llegar a sus propias respuestas.

La ICF ofrece un marco de referencia muy valioso para esta competencia, y nos anima a estar enfocados, atentos, empáticos y receptivos; a demostrar curiosidad durante el proceso de Coaching, así como confianza para trabajar con emociones fuertes; a gestionar las propias emociones para estar *presente* con cada cliente; a sentirnos cómodos trabajando en un espacio de "no saber", y a crear o dejar lugar para el silencio, la pausa y la reflexión.

Nuestra propuesta e invitación a los coaches para desarrollar y fortalecer esta competencia es trabajar profundamente en su mundo interno: cultivar la observación de sí mismos, tomar conciencia de las propias creencias, los valores, las emociones y los pensamientos, así como sanar heridas internas que puedan interferir en el proceso de Coaching. Esta es la clave para "hacer brillar el espejo" en el que se miran los clientes y estar realmente *presente*.

Esto aprendió Ananda de Buda, y lo expresó diciendo: "Si salto dentro de la mente, genero confusión, empiezan a aparecer problemas. He comprendido que puedo sentarme en la orilla de mi mente, y observar todo lo que arrastra: sus hojas muertas, sus dolores, sus heridas, sus deseos… Despreocupado y atento, me sentaré en la orilla y esperaré hasta que se aclare".

Preguntas para el lector

Te invitamos a responder las siguientes preguntas con base en lo que has leído hasta aquí:

- ¿Qué es, para ti, mantener *presencia*?
- ¿Cuál es tu estado interno ideal para mantener *presencia* en una interacción de Coaching?
- ¿Qué características tuyas consideras fortalezas para mantener *presencia*?
- ¿Qué características tuyas consideras obstáculos para mantener *presencia*?
- ¿Qué puedes hacer al respecto?

Bibliografía

Heider, J.: *El Tao de los Líderes*. Nuevo Extremo, Argentina, 1998.

Kabat-Zinn, J.: *Mindfulness para principiantes*. Kairós, España, 2013.

Kofman, F.: *La Empresa Consciente*. Grito Sagrado, Editorial de la Fundación de Diseño Estratégico, Buenos Aires, 2008.

Senge, P.; Scharmer, O.; Jaworski, J. y col.: *Presence: Human Purpose and the Field of the Future*. Random House, Estados Unidos, 2008.

Tolle, E.: *El Poder del Ahora*. Gaia, España, 2012.

Acerca de los autores

Patricia Afanador

Master certified coach de la ICF desde 2006, psicóloga y sanadora de la Fuerza del Amor. Autora de libros sobre liderazgo personal y conferencista internacional. Co-fundadora y presidenta del capítulo Región Andina y Centroamérica (hoy capítulo Colombia) de ICF. Como coach, acompaña a ejecutivos que quieran liderar de manera más consciente, desarrollando el pensamiento crítico y expandiendo su visión de la realidad. Es formadora de coaches y mentora, e invita a ir más allá de las fronteras de la profesión, con la conciencia de que el coach acompaña a sus clientes hasta la profundidad que ha alcanzado consigo mismo.
cuartoespacio@patriciaafanador.com

Marcelo Bustamante

Master certified coach de la ICF. Master coach profesional acreditado por la Asociación Argentina de Coaching Ontológico Profesional, master coach ontológico acreditado por FICOP, y mentor coach por la ICF. Es un coach experimentado, facilitador y agente de cambio en empresas nacionales e internacionales, formador de coaches, director de MFB coach, desarrollo personal, interpersonal y organizacional, consultor senior, resource & organizational master coach, y especialista en procesos de Evolución Cultural Organizacional en Seguridad y Medio Ambiente.
mfb.coach@gmail.com

Isabel Cristina Cataño

Master certified coach de la ICF, Administradora de empresas con énfasis en Mercadeo por la Pontificia Universidad Javeriana de Cali, Colombia, y M.B.A. con certificado en Negocios Internacionales de Southern New Hampshire University (USA), Consultora en Desarrollo Humano, Coach Sistémico y Consteladora Organizacional (Jaio y Geiser Works). Tiene experiencia en las áreas comercial y de mercadeo en los mercados interno y externo, y como docente-formadora de coaches. Coach y consultora en Desarrollo Humano Gerencial y Organizacional en español y portugués para empresas nacionales e internacionales.
i.cristina.catano@gmail.com

Sandra Gutterman
Directora de la Consultora Emovere. Es licenciada en Ciencias de la
Educación (UBA), coach organizacional y master certified coach de la
ICF. Miembro fundadora del capítulo argentino de ICF, donde fue directora de Investigaciones. Obtuvo el premio Pro bono-ICF Global (2016).
Fue coordinadora de la ICF Latam para Proyectos Sociales (2015). Se
formó en Escuela Matríztica, Inner Voices Master Training, Gestión y
Conducción de Sistema Educativo y sus Instituciones (FLACSO), Tecno-
logías Educativas, Mediación Educativa (UBA), Psicopedagogía, Neurociencias (AE), PNL, y Coaching por competencias. Es mentora y supervisora en procesos de Coaching, Conscious Business Coaching, autora
del capítulo Coaching y ONGs, y de programas internacionales llevados
a cabo en instituciones educativas, y docente universitaria de Didáctica
y Mediación (Ministerio de Educación de la República Argentina).
sandra@emovere.com.ar

Capítulo 6

Escucha Activamente

Ana Escalante - Norma Perel

El conocimiento habla;
la sabiduría escucha.

Jimi Hendrix

Según la ICF, para comunicar con efectividad, el coach debe escuchar activamente y evocar conciencia. En este capítulo abarcaremos cómo el coach escucha activamente y algunas investigaciones y modelos que amplíen la comprensión de este complejo e importante proceso. La escucha depende de otras competencias tales como la mentalidad de Coaching, la presencia y la confianza, y a su vez, es fundamental para la creación de conciencia, y para preguntar poderosamente.

¿Qué es escuchar?

La escucha podría considerarse a simple vista como un acto pasivo; sin embargo, como coaches, reconocemos que es una de las accionas más activas e importantes de la comunicación.

Escuchar = percibir + interpretar

La escucha está directamente relacionada con la Hermenéutica, que es la rama de la Filosofía vinculada a la comprensión de los fenómenos de la interpretación. La Hermenéutica toma su nombre de Hermes, dios griego de la comunicación y el lenguaje. Se trata de una divinidad de sentidos múltiples y también ocultos. Es el dios de las transiciones, uno de los dioses del devenir (Echeverría, 2009).

La escucha valida al habla, y está vinculada irremediablemente con el carácter ambiguo y multifacético de la palabra. Es el instrumento de interpretación del lenguaje tanto de los terapeutas como de los coaches. Es un fenómeno multidireccional. Pueden estar varias personas escuchando lo mismo y escuchar cosas diferentes. Esto se debe a que cuando escuchamos, interpretamos la información de acuerdo con experiencias previas a la que el lenguaje nos remite. Nuestro cerebro es una máquina interpretadora que edita, generaliza y borra aquello que le produce disonancia cognitiva o incomodidad emocional. Escuchamos, entonces, solo aquello que queremos y que podemos escuchar.

Así como el observador modifica lo observado, de acuerdo con las investigaciones en el siglo XX, al escuchar interpretamos lo que oímos a partir de nuestros modelos mentales, que son los mapas que nos permiten recorrer la vida dándole sentido a lo que nos sucede.

Según Heidegger, en su *Carta sobre el Humanismo*, de 1947, el fundamento de la existencia humana es el **Dasein**, el "ser-en-el-mundo". El filósofo alemán explica que no hay un ser que no esté en el mundo ni un mundo que no lo sea para un ser. Ser y mundo se constituyen en simultaneidad, uno con referencia al otro. La escucha, entonces, se convierte en la mezcla de mundos subjetivos, ya que siempre nos escuchamos a nosotros mismos.

Pero ¿desde dónde escuchamos al otro?

Schulz von Thun (2004) desarrolló el Modelo del Equipo Interno, que se vuelve relevante para entender tanto la escucha propia como la escucha del *otro*. Este psicólogo y científico de la comunicación describe nuestro interior como compuesto por voces que se pelean y producen caos y conflictos que pueden conducir hasta a una guerra civil interior. Se pueden utilizar dichas voces para lograr la sabiduría y la fuerza de cada una de ellas formando un equipo con un jefe que tiene buen vínculo con cada una y ejerce un liderazgo colaborativo.

En este sentido, el trabajo interior del coach es esencial. ¿Qué voces priorizamos al escuchar? ¿Escuchamos desde nuestra propia guerra interna? ¿Desde nuestra paz y empatía?

Escuchar requiere de una apertura interior en la que respetemos al *otro* y le demos importancia a su experiencia y a su interpretación del mundo. Implica abrazar una actitud de humildad que haga nuestra voz pequeña para cederle espacio al mundo del *otro* en nuestro interior.

Escuchar de esta manera no conlleva el acto de validar al *otro*, es decir, juzgar lo que dice como válido, desde un lugar de autoridad. Esto último es escuchar desde el orgullo. ¿Quién nos da la autoridad necesaria para validar o invalidar al *otro*? Nadie. La propuesta, entonces, es invitarnos a escuchar desde la humildad, que es, en realidad, crear el espacio, la intimidad y la relación que invite al *otro* a ir encontrándose, y a través de nuestra escucha logre validarse a sí mismo.

Nuestras relaciones dependen y se transforman en base al tipo de escucha que adoptemos. Es por esto que nuestra calidad de vida depende en mucho de que aprendamos a escuchar, no solo como coaches sino en cada comunicación que tengamos.

Definición de la competencia

Según la definición de la ICF, cuando un coach escucha activamente:

> *Se enfoca en lo que cada cliente está y no está diciendo para comprender plenamente lo que se está comunicando en el contexto de los sistemas de cada cliente y para apoyar la autoexpresión de cada cliente.*

Hay seis distinciones que la ICF define específicamente como las habilidades del coach para cumplir con esta competencia.

1. **Considera el contexto, la identidad, el ambiente, las experiencias, los valores y las creencias de cada cliente para potenciar la comprensión de lo que cada cliente está comunicando**

El contexto es aquello que rodea al ser humano, y va desde el ambiente hasta la compleja red de vínculos en las que está inmerso. Es lo invisible que posibilita lo visible. Un ejemplo sería el agua para un pez, y otro, el aire para los hombres. El aire no se ve, pero se siente y es indispensable para la vida, y se hace extrañar cuando falta.

Veamos otro ejemplo. Si una madre le dice "te amo" o "te quiero" a su hijo, la maternidad modifica el significado de estas palabras, que es diferente al que tienen cuando una mujer le dice "te amo" a un hombre con el que no tiene parentesco alguno. Las palabras son las mismas, pero el contexto modifica completamente las dos declaraciones de amor.

El ser humano se encuentra inmerso en diversos contextos o sistemas que ejercen una influencia importante al dar significado al lenguaje dentro de las relaciones.

Exploremos algunos contextos a los que los coaches necesitamos atender cuando trabajamos con nuestros clientes, y abarcan la vida personal, familiar, laboral, comunitaria y cultural, entre otros.

Un ejemplo de escucha con atención al contexto se da cuando indagamos sobre la red laboral de un cliente. En este caso, necesitamos preguntarnos y preguntarle:

- ¿Cómo observa ese mundo?
- ¿Cuáles son los grupos de poder y de autoridad en los que el cliente se mueve?
- ¿Qué está permitido y no permitido dentro de ese contexto?
- ¿Hasta dónde se permite la autoexpresión y el cambio en el sistema en el que se encuentra?
- ¿Con qué redes de apoyo o alianzas cuenta?
- ¿Cuáles son sus vínculos con las autoridades pertinentes?
- ¿Cuáles son los acuerdos realizados con su jefe o con RRHH u otros ámbitos en los que se encuentra inserto?
- ¿Cuál es su relación con el sponsor?

Es preciso "escuchar" cómo el contexto influye en las problemáticas que trae el cliente a la sesión.

El contexto también abarca a la familia. El coach experto "escucha" los vínculos del cliente en su red familiar y la forma en que la historia y la cultura influyen en su identidad y en la percepción de su futuro.

El coach profesional toma en cuenta otros sistemas en los que el cliente está inmerso, tales como las amistades, los clubes, las afiliaciones, las instituciones, y otros aspectos de su vida social que constituyen su mundo.

El Coaching efectivo requiere "escuchar" la identidad, las creencias y los valores, por este motivo, el coach profesional escucha "quién está siendo el cliente". Su identidad. Cómo se manifiesta su conducta en sus diferentes contextos. Cómo se vincula y cómo se observa a sí mismo y a su mundo. Qué experiencias ha tenido o tiene y qué huellas le han dejado o le están produciendo.

Esto se observa en la sesión cuando el coach indaga o explora cómo cada cliente se percibe a sí mismo y a su mundo, tanto externo como interno.

Ejercicio ───────────────────────────────────

- ➤ ¿Quién está siendo?
- ➤ ¿Quién quiere ser?
- ➤ ¿Qué valores determinan el actuar del cliente?
- ➤ ¿Sus valores son congruentes con sus acciones?
- ➤ ¿Es fiel a esos valores o permanentemente los está traicionando?
- ➤ ¿Es leal o transgresor?

Se trata de "escuchar" cuáles son las creencias que sostiene y lo hacen crecer y cuáles son las que lo limitan: creencias históricas, que sostiene como verdades y le impiden tener otra observación de la realidad que lo aflige.

2. Refleja o resume lo que cada cliente comunicó para garantizar claridad y comprensión

Según Maturana (2015), "uno dice lo que dice y el otro escucha lo que escucha". No siempre coincide lo que se dice con lo que se escucha, y esto produce malentendidos.

Ejercicio ───────────────────────────────────

- ➤ ¿Cómo demuestras que estás escuchando y entiendes lo que *el otro* dice?
- ➤ ¿Cómo escuchas a los demás cuando es muy importante para ti captar su mensaje?
- ➤ ¿Cómo te aseguras de que lo que escuchaste es lo que dijo la otra persona?
- ➤ ¿Cómo hacer para cotejar que lo que escuchaste es lo que el otro quiso decir?

La respuesta a estas preguntas es: reflejando o resumiendo brevemente lo que el cliente comunicó, para garantizar la claridad y la comprensión del coach. Al reflejar se repite lo que se escucha y se le pregunta al cliente si lo que se escuchó es lo que quiso decir. Conviene usar su vocabulario, repetir textualmente. La efectividad de la escucha implica estar atento no solo a lo que dice el cliente, sino también a lo que refleja su tono de voz y su ritmo.

> "El coach es capaz de parafrasear a su cliente utilizando el mismo canal de comunicación, empatizando desde el tono y el tiempo que utiliza el cliente. Escucha con curiosidad como un aprendiz que va a aprender de su cliente" (Jorge Salinas, 2020).

No llamamos "parafrasear" al acto de convertir o traducir lo dicho por el cliente de acuerdo con el marco mental del coach y su lenguaje, y tampoco puede ser la excusa para introducir ideas o conceptos ajenos al cliente o continuar la conversación en una nueva dirección.

¿Cómo ayudar a que un cliente se exprese abiertamente?

Uno de los indicadores de la escucha de un coach profesional se observa cuando le permite a cada cliente terminar de hablar, sin interrumpirlo, a menos que haya un propósito de Coaching para hacerlo. Esto significa que el coach deja un espacio cuando el cliente finaliza de hablar antes de hacerle una pregunta. Ese espacio le permite al cliente seguir pensando, y a lo mejor, completar una idea o una reflexión. El apuro en preguntar no es conveniente, porque se interrumpe la escucha con las ideas del coach, expresadas a través de lo que considera importante preguntar, sin respetar el ritmo del cliente, limitando la autoexpresión, que es tan importante en Coaching.

Destacamos la importancia del silencio, habilidad requerida para demostrar varias de las competencias de la ICF. Un silencio "externo" del coach, que se produce como resultado de un ejercicio interior y profundo de escucha, que aquieta el ruido interior, para crear un espacio de entrega y servicio al *otro*.

"Escuchamos en silencio, creando oportunidades para ser expresadas. El silencio es una forma de promover y alentar al cliente a expresarse, a compartir más, alentando la autoexpresión. Respetamos escuchar en silencio, creando oportunidades para expresarse. Es importante el silencio como forma de mostrar respeto, para crear la relación; la capacidad de estar en silencio como forma de mostrar que estamos favoreciendo que el cliente se exprese" (Alicia Agüero, 2020).

¿Cuándo es conveniente interrumpir y es adecuado hacerlo?

Cuando el cliente está durante mucho tiempo describiendo situaciones vividas, de un modo minucioso, pero que no aportan una reflexión que lleve a una mirada diferente ni a una creación de conciencia o un darse cuenta de algo importante, que lo ayude a lograr el objetivo establecido en el Acuerdo. Por ejemplo, cuando un cliente puede describirse en diferentes situaciones desde el lugar de víctima de alguien (su jefe, un familiar, un amigo), es válido interrumpirlo, pidiendo permiso al hacerlo, y reflejarle lo que se está observando.

Una forma de interrumpir es preguntando qué relación tiene lo que el cliente está diciendo con el objetivo del Acuerdo de Coaching.

No es conveniente que, si un cliente es muy pausado al hablar, el coach le resuma o le pregunte en un ritmo muy acelerado, o viceversa, porque se pierde la posibilidad de danzar juntos, tan importante en el vínculo coach-cliente.

3. **Reconoce y pregunta cuando hay más de lo que cada cliente está comunicando**

Como coaches, necesitamos escuchar tanto lo que se dice como lo que no se dice.

Lo que se dice son las palabras y la narrativa. En las historias, podemos escuchar a los héroes y los villanos, el marco de valores y creencias dentro del cual el cliente crea su vida, sus necesidades principales, sus tristezas y alegrías.

Escuchar lo que se dice es importante porque nos conecta con la red de significados desde donde el cliente se asoma a su vida, y que en conjunto crean su forma de ser momento a momento. Este conjunto de interpretaciones le aporta sentidos al cliente sobre cómo vivir su vida, y cómo resolver las situaciones en las que está inmerso. De hecho, lo que dice el cliente es precisamente lo que lo tiene atado a su vida tal y como es en el momento de la conversación de Coaching. Las historias que escuchamos de nuestros clientes buscan darle sentido a la red de interpretaciones que han generado a lo largo de la vida.

"Escuchar" lo que no se dice

Como explicamos anteriormente, existe un sinnúmero de factores vinculados con el contexto. "Escuchar" lo que no se dice es precisamente "escuchar" aquello que modifica y provee de sentido a aquello que se expresa con el lenguaje.

La red de significados que cada persona ha generado a lo largo de su vida no solo no es colectiva sino que es totalmente personal.

El mismo fenómeno ocurre con el coach, que escucha solamente a través de su propia visión del mundo que está construida por la red de pensamientos, lenguajes, prácticas, metas, la historia y las circunstancias en las que se encuentra.

De ahí que la relación entre el cliente y el coach sea un fenómeno dinámico y totalmente vivo.

Escuchar desde esta perspectiva nos deja curiosos, ya que en realidad nos lleva a darnos cuenta de que solamente podemos escuchar a través de nuestras interpretaciones. En este sentido, siempre escuchamos a través de nuestros modelos mentales.

Entonces, ¿cuál es la escucha a la aspira el coach? Es una escucha curiosa, que se dedica a explorar los significados que el cliente le da a su lenguaje y a lo que hay más allá de lo que dice.

El coach explora no solo el significado de esas palabras "claves" que aparecen en la sesión, sino también las creencias, las emociones y el lenguaje corporal, para que al final, el cliente logre escucharse a sí mismo y transforme su propia realidad.

Ejercicio ———————————————————

- ➤ ¿Cómo eres escuchando?
- ➤ ¿Qué es lo que más te cuesta escuchar durante una sesión de Coaching?
- ➤ ¿Conoces tus propios límites como coach?
- ➤ ¿Cómo te relacionas con el silencio?

---

4. **Nota, reconoce y explora las emociones de cada cliente, los cambios de energía, las señales no verbales u otros comportamientos**

El coach explora y reconoce las emociones del cliente y las propias. Puede contener al cliente en momentos de mucha angustia. Le pide que describa sus miedos, sus enojos o sus posibilidades de disfrutar y la conexión que las emociones tienen con su corporalidad.

"Estar abierto a escuchar desde la mirada, perspectiva y emociones del cliente es un punto clave." (Gutterman, 2020).

El coach puede preguntarle al cliente:

> ➤ ¿Cómo te estás sintiendo?
> ➤ ¿Qué sientes cuando…?
> ➤ ¿Qué te produce placer?
> ➤ ¿Qué te causa alegría?
> ➤ ¿Desde dónde viene tu tristeza?

Sabemos de lo contagiosas que son las emociones. El coach necesita conocer sus propios límites y saber cuándo declararse incompetente para atender determinado tipo de clientes sobre todo si su estado emocional que produce la relación con el cliente puede impedir que se realice un servicio de excelencia.

Un coach efectivo explora los cambios de energía del cliente a lo largo de la sesión. Por ejemplo, si al inicio el ritmo de habla del cliente es muy acelerado y después se va conectando más con sus significados y emociones y el ritmo cambia a muy lento, o viceversa.

Otros casos se dan cuando el cliente hace un silencio prolongado al aparecer un tema determinado, o si a partir de un cambio emocional intenso empieza a reírse o a llorar.

Los cambios de postura también pueden mostrar cambios en los procesos emocionales; por ejemplo, si el cliente se para, camina, se sienta o hace gestos con la cara o movimientos de manos; está sentado con los hombros caídos hacia adelante y luego abre sus brazos expandiendo su pecho; interrumpe la sesión con un llamado telefónico porque se olvidó de apagar el celular; o juega con las manos moviendo algún objeto que tiene sobre el escritorio.

Todas son señales no verbales muy importantes que necesitamos "escuchar". No hay que interpretarlas sino observarlas, y a continuación preguntarle al cliente qué significan y cómo se está sintiendo en ese momento.

También es importante que el coach se escuche a sí mismo y observe quién está siendo cuando escucha a su cliente y acompaña sus emociones. Cuál es su emocionalidad y su nivel de autoconocimiento. No va a poder escuchar lo que no ha escuchado y aprendido de sí mismo. Esto se llama "ceguera cognitiva".

Todos tenemos dos tipos de cegueras cognitivas. El cliente y el coach pueden ser cegados por:

> Lo que no sabe que sabe.
> Lo que no sabe que no sabe.

Por ejemplo, lo que un cliente sabe que sabe es que sabe cocinar. Sabe que no sabe mandarín. No sabe que sabe que es un buen escritor (tiene la potencialidad). Y no sabe que no sabe aspectos de su vida que lo limitan. Por ejemplo, que es posible algo que cree que no lo es.

Escuchar es también ser consciente de las propias cegueras cognitivas y aquellas cegueras a las que puede enfrentarse el cliente.

Debido a una de estas cegueras, el coach puede desplazar su escucha hacia temas intrascendentes, produciendo una escucha superficial y sin demasiado valor para aportar al cliente.

Ejercicio ———————————————————————

> ¿Cómo eres tú con tus propias cegueras?
> ¿Puedes registrar lo que sabes que no sabes?
> ¿Alguna vez descubriste que no sabías que sabías algo o que sabias hacer algo en particular?
> ¿Cuánto tiempo te dedicas a reflexionar sobre ti mismo?
> ¿Qué tan intencional eres al conectarte con tus propias emociones y ser curioso frente a ellas?

5. Integra las palabras, el tono de voz y el lenguaje corporal de cada cliente para determinar el significado completo de lo que está siendo comunicado

Una manera en la que se sabe que un coach está escuchando activamente se da cuando ha creado un lenguaje común con el cliente, ha explorado el significado de las palabras del cliente y las ha integrado en la relación. Este es un proceso dinámico y sistémico a la vez.

Es dinámico en el sentido de que los significados que construyen la conversación van cambiando continuamente a lo largo de las sesiones de Coaching. La escucha se va co-creando minuto a minuto dentro del contexto de la relación.

Es sistémico porque la escucha activa es un proceso interdependiente, en el que el coach modifica sus propios significados a partir de lo que el lenguaje significa para el cliente. La escucha del coach transforma al cliente y al escuchar al cliente el coach se transforma.

Este proceso sistémico es explicado desde la programación neurolingüística como *rapport*: fenómeno en el que dos o más personas sienten que están en "sintonía" psicológica y emocional. En nuestro caso, entre el cliente y el coach.

El *rapport* es una estructura dinámica que cambia a lo largo de una relación entre dos o más personas, y que está formada por tres componentes: la atención mutua, la positividad y la coordinación de la relación (Tickle-Degnen, 1990).

En este sentido, la escucha activa implica danzar con el cliente, tanto en su lenguaje verbal como en el no verbal.

Es bien sabido que la comunicación no verbal es inclusive más importante que la verbal. En forma natural, sabemos que, si hay una inconsistencia entre el lenguaje y los comportamientos no verbales, resulta más creíble lo que no se dice (lenguaje no verbal) que lo que se dice (palabras).

De acuerdo con el estudio clásico de Mehrabian y Morton (1967), los componentes de la comunicación siguen la regla de 55-38-7:

> Fisiología: 55%
> Tonalidad: 38%
> Palabras: 7%

Si bien ha habido críticas sobre el tamaño del estudio y la demografía e incluso desacuerdos sobre los porcentajes exactos, nos indica que debemos tener en cuenta que la fisiología (reacciones corporales) y la tonalidad (comportamientos no verbales) forman una mayor proporción del conjunto de comunicación que la palabra.

Para escuchar activamente, debemos observar:

En términos de fisiología:
> La postura: cómo sostiene la cabeza y el cuerpo.
> Los gestos: movimiento de las manos, generalmente al hablar.
> La expresión facial: sonrisas, fruncir el ceño, entre otros.
> La respiración: ritmo, profundidad.

En términos de tonalidad:
> El tono: qué tan alto o bajo es.
> El tempo: qué tan rápido o lento, con qué ritmo se habla.
> El timbre: qué tan clara o distorsionada es la calidad de la voz.
> El volumen: qué tan alto o suave se está hablando.

Estudios recientes de lenguaje no verbal incluyen también el lenguaje de la ropa, el peinado, la mirada o contacto visual y otros, que matizan e incluso pueden llegar a contradecir o modificar lo que se expresa en palabras.

Ejercicio ————————————————————————

> ¿Cómo es tu relación con tu cuerpo?
> ¿Tienes en cuenta el estado de tu cuerpo cuando estás en una sesión de Coaching?
> ¿Te das cuenta de tus gestos y tus cambios corporales durante una sesión?
> ¿Cuán *presente* estás contigo mismo en general?

---

6. **Nota tendencias en comportamientos y emociones de cada cliente a lo largo de las sesiones para discernir temas y patrones**

La escucha del coach es una metaescucha, en el sentido de que puede hilar temas y patrones que el cliente habitualmente no relaciona.

Un patrón (Freud, 1914) es una forma constante de pensar, sentir, reaccionar físicamente. Tiene varios componentes:

1) Pensamientos, creencias, ideas.
2) Emociones, estados de ánimos, e imágenes.

Ejemplos:
> Falsa fortaleza, para no sentirse débil.
> Perfeccionismo y necesidad de tener todo bajo control.
> Aislamiento, para no exponerse a situaciones dolorosas.
> Ganar aprecio y afecto a cualquier precio.
> El reconocimiento y la aprobación de los otros.
> Rebeldía y humor para llamar la atención.
> Autocompasión.
> Victimización.

Escucha y PNL

La Programación Neurolingüística (PNL) distingue tres posiciones de la escucha. Si adaptamos sus estudios, podemos decir que en Coaching existen cuatro posiciones de la escucha:

1. **La primera posición**: *Yo en mí.* El cliente se escucha a sí mismo y el coach se escucha a sí mismo.

2. **La segunda posición**: *Yo en el otro.* El coach es empático y se pone en los zapatos del cliente. Otro ejemplo es cuando el coach invita al cliente a ocupar el lugar de alguien con el que tiene conflicto.

3. **La tercera posición**: *El coach toma distancia de sí mismo y también del cliente y se produce una metaescucha.* Cuando un coach nota tendencias y patrones dentro del proceso de Coaching, es una forma de posicionarse desde una metaescucha; es decir, desde una tercera posición. Al escuchar desde un contexto mayor, el coach toma conciencia de la forma en que está involucrado en la relación y del proceso general de Coaching. También puede invitar al cliente a colocarse en una posición de observador para que vea qué pasa entre él y alguien con quien tiene un conflicto, o entre él y la situación que está viviendo.

4. **La cuarta posición**, que incluimos nosotros, tiene que ver con la Supervisión, que abarca las relaciones coach/cliente, coach/supervisor y todo el sistema de articulación entre ellas.

Como puede observarse en el esquema de la página siguiente, en la metaescucha el coach guarda cierta distancia con la narrativa del cliente y no se involucra ni "compra" completamente la historia. Es una escucha no lineal, donde se vinculan temas escuchados a lo largo de la sesión y de todo el proceso de Coaching.

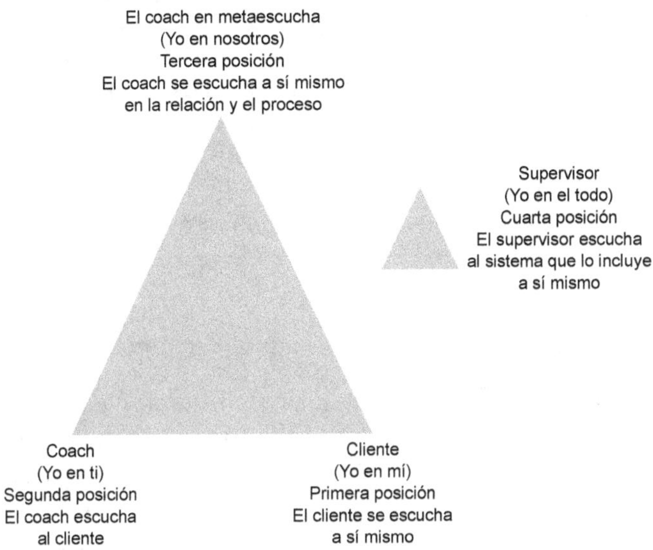

La metaperspectiva del coach forma un sistema nuevo de significados, que le permiten observar patrones tanto a lo largo de las sesiones como en la sesión misma.

Estos patrones tienen que ver con:

> Interpretaciones o juicios repetidos sobre distintos personajes de la historia narrada por el cliente.
> Cambios de tema repetidos, saltos de un tema a otro.
> La risa nerviosa que evade el reconocimiento de una situación dolorosa.
> La repetición de un patrón histórico del rol. Por ejemplo, vivir como vivió el padre.

La escucha y la metaescucha son indispensables para detectar estas tendencias y los compromisos subyacentes que determinan la aparición de estos patrones.

Ejercicio ——————————————————————————————

> ➤ Te pedimos que reflexiones sobre estos tres patrones:
>   1) Tu necesidad de reconocimiento.
>   2) Tu nivel de autoexigencia.
>   3) Tu necesidad de control.
> ➤ ¿Qué otros patrones podrías agregar que reconoces en ti?

La escucha consciente (*Mindfulness* o Presencia Plena)

En su libro *Mindfulness en la Vida Cotidiana: Dondequiera que vayas, ahí estás* (1994), Jon Kabat-Zinn, profesor emérito en la Facultad de Medicina de la Universidad de Massachusetts, dice que la atención plena significa "prestar atención de una manera particular, a propósito, en el presente momento, y sin juzgar".

Escuchar con conciencia plena nos invita a aceptar la experiencia presente completa, sin miedo, sin editar, evitando modificar lo que está ocurriendo, tanto en uno mismo como en el *otro*. Esto está directamente relacionado con la *presencia* del coach.

Sin embargo, estar *presentes* y en conciencia plena de uno mismo permite sentir lo que se siente, sin juicios y sin querer modificarlo de alguna manera. Sentir y escuchar las sensaciones del cuerpo, la vibración de la emoción que se está sintiendo mientras escuchamos al *otro*, es escuchar con total integridad personal, que implica conocerse, legitimarse, completarse y amarse (Escalante, *Integridad, el Lenguaje de las posibilidades*, 2020).

Mantener la integridad en el amor implica mucho más que cumplir con la palabra. Es ver al otro como un legítimo otro. Dejar de controlar y observar, fluir y complementar. Como dice el famoso biólogo chileno Humberto Maturana: "El amor nos abre la posibilidad de reflexión y se funda en una forma de percepción que permite visualizar al otro en su legitimidad. De este modo se genera un espacio donde la cooperación parece posible y nuestra soledad es trascendida: el otro cobra una presencia con la cual uno establece una relación de respeto" (Maturana Rosmesín y Porsken, 2015) (Escalante, 2020). Es así que el amor al otro se traduce en una escucha que sostiene una mirada de profundo respeto, otorgando poder al otro para que se parezca más a sí mismo.

Ejercitar la escucha consciente puede ser muy poderoso, nos invita a tener una aceptación radical de lo que es y de lo que está siendo. Escuchar desde este lugar nos plantea la posibilidad de no dejar nada fuera, ni en nosotros mismos, como coaches, ni en nuestros clientes.

Como intérpretes y cocreadores del flujo de la experiencia de la realidad, nuestra escucha se convierte en un elemento esencial. Las prácticas de mindfulness, así como la meditación, escribir un diario, la respiración profunda, la observación de lo que es, son esenciales para convertirse en un escucha extraordinario, un escucha que abre la mente y el corazón a sí mismo abrazando y permitiendo que la realidad del otro sea expresada en toda su belleza y profundidad (Escalante, 2007).

Escuchar desde este lugar nos deja sorprendidos y curiosos, al convertirnos en un espacio cuántico en el que las posibilidades surgen en la relación produciendo el milagro de la transformación, del cambio del observador.

Escuchar desde la conciencia plena es una forma de vivir, y requiere la práctica continua de aceptación del flujo natural de la vida. Requiere soltar el control y entrar en el terreno de lo desconocido, donde el otro se vuelve relevante y autor indomable de su propia realidad al interpretarla.

Como coaches, debemos entender que escuchar al otro es fundamentalmente escucharnos a nosotros mismos, al descubrir los propios movimientos, microrreacciones, juicios, creencias, aprobaciones y desaprobaciones.

El mindfulness o "conciencia plena" plantea un camino de una escucha pacífica y total. Una escucha que le permite al **otro ser frente a mí**, sin editarse, sin esconderse, sin desear ser mejor para obtener la aprobación.

Conclusión

Como coaches tenemos la responsabilidad de hacernos cargo de nuestras propias interpretaciones y perspectivas del mundo. Debemos hacer un trabajo continuo para conocernos y ampliar nuestra escucha interior, y así escuchar los susurros de nuestra propia sabiduría. Al hacerlo, podremos, por fin, escuchar para invitar al **otro** a escucharse profundamente, reconectando consigo mismo y con su propia sabiduría; al hacer esto podrá encontrar sus propias respuestas.

Escuchar profundamente evoca el amor incondicional. No hay nada más grande, no hay un regalo más increíble, que el escuchar al otro desde una mente pacífica, un corazón abierto y un espíritu amoroso sin condiciones.

Bibliografía

Echeverría, R.: *El observador y su mundo*. Granica, Buenos Aires, 2009.

Escalante, A.: *El Secreto de la Abundancia*. Amadi, 2007.

________: *Integridad, El Lenguaje de las Posibilidades*. Exlibris, 2020.

________; Goldvarg D.; Bolivar, C.: *Encuesta Perspectivas y Experiencias de los Master Coaches de Latinoamérica y España sobre las Nuevas Competencias de la ICF*, 2020.

Fierro Evans, L.: *Coaching para líderes*. Granica, Buenos Aires, 2013.

Goldvarg, D.; Perel de Goldvarg N.: *Competencias de Coaching aplicadas*. Granica, Buenos Aires, 2012.

________: *Mentor Coaching en Acción*. Granica, Buenos Aires, 2016.

________: *Supervisión de Coaching*. Granica, Buenos Aires, 2017.

Kabat-Zinn, J.: *Mindfulness en la Vida Cotidiana: Dondequiera que vayas, ahí estás*. Paidós, 1994.

Maturana Rosmesín, H.; Porsken, B.: *Los orígenes de la biología del conocer*. Granica, Buenos Aires, 2015.

Mehrabian, A.; Wiener, M.: *Decoding of Inconsistent Communications*. Journal of Personality and Social Psychology. 6(1): 109114. doi:10.1037/h0024532. PMID 6032751, 1967.

Tickle.Degnen, R.; Rosenthal R.: *The Nature of Rapport and Its Nonverbal Correlates*, Robert Rosenthal Psychological Inquiry, Vol. 1, No. 4. pp. 285-293, 1990.

Schulz von Thun, F.: *Das inner Team in Aktion*. Rohowolt Sachbuch, Hamburgo, 2004.

Acerca de las autoras

Ana L. Escalante

Es la primera mujer certificada por la ICF como master coach en México. Cofundadora y actual COO de Ideal Coaching Global, empresa dedicada al entrenamiento en Coaching Ontológico, Ecológico Consciente y de Coaching Ejecutivo a nivel global. Fundadora y directora general de Amadi Solutions, consultora internacional especializada en desarrollo empresarial y ejecutivo, cofundadora y presidenta de La Casa de la Sal, AC, dedicada al apoyo de niños y adultos con VIH/SIDA. Co-fundadora de la Red de Master Coaches de Latinoamérica y España. Autora del *Libro del Secreto de la Abundancia* y de *Integridad, el Lenguaje de las posibilidades*. **anae@amadisolutions.com**

Norma Perel

Es Master coach certificada de la ICF) y Licenciada en Psicología por la Universidad de Buenos Aires. Se desempeñó como supervisora, evaluadora y mentor coach en la Escuela Argentina de PNL & Coaching. Es mentor coach y supervisora certificada por la European Supervision Individual Accreditation (ESIA) y Practitioner en PNL. Miembro fundadora y exmiembro de la Comisión Directiva del Capítulo Argentino de la ICF. Fue Directora de Educación continua de la ICF y embajadora de Educación Continua para América Latina. Coautora, con Damián Goldvarg, de *Competencias de Coaching Aplicadas* y de *Mentor Coaching en acción*, y con otros colegas, de *El Coaching. Un mundo de posibilidades*. Coordina grupos de Certificación en Mentor Coaching para Latinoamérica y España. **norma@goldvargconsulting.com**

Capítulo 7

Evoca Conciencia

Cris Bolívar - Diana Ajzen
Fernanda Bustos González

*El que mira hacia afuera sueña,
el que mira hacia adentro despierta.*

Carl Jung

La competencia desde la ICF

En este capítulo nos centraremos en la competencia Evoca Conciencia, y lo haremos desde tres enfoques distintos y sinérgicos que nos brindan una perspectiva amplia. Elegimos este abordaje partiendo de la experiencia que nos aporta nuestra extensa trayectoria profesional. Deseamos que nuestras miradas sean de ayuda para el desarrollo y la implementación de la competencia, tanto para coaches como para quienes transitan el camino de la formación.

Evoca Conciencia deriva de la unificación de tres competencias claves que desde el origen de la ICF se habían definido como: Preguntar Poderosamente, Comunicación Directa y Creación de Conciencia (ver figura de la página siguiente). Estas se referían a los diferentes instrumentos que, como coaches, utilizamos para facilitar la cocreación de una conciencia más amplia de sí mismo en el cliente.

Por otro lado, esta es una competencia especial, representa el punto transformador dentro de la sesión de Coaching, al que se llega solo si se han desarrollado las anteriores (*ver Figura 1*). Facilita que pueda darse una verdadera evolución, y el desarrollo del potencial para alcanzar los resultados extraordinarios de los que habla la definición de la ICF.

COMPETENCIAS DEL COACH (ICF)

A. FUNDAMENTOS
1. Demuestra práctica ética
2. Encarna una mentalidad de coaching

B. CO-CREANDO LA RELACIÓN
3. Establece y mantiene acuerdos
4. Cultiva confianza y seguridad
5. Mantiene la presencia

C. COMUNICACIÓN EFECTIVA
6. Escucha activamente
7. Evoca conciencia

D. CULTIVANDO EL APRENDIZAJE Y EL CRECIMIENTO
8. Facilita el crecimiento del cliente

Tres enfoques

Consideramos útil que las autoras de este capítulo podamos enriquecer al lector aportando las miradas de la línea de Coaching en la que cada una se especializa:

> ➤ **El Coaching Ontológico**, se denomina así porque se enfoca en el ser humano desde sus conversaciones y en cómo su lenguaje lo define pero no lo determina, porque si al final de cuentas vivimos en mundos interpretativos, la interpretación lingüística que tenemos hoy, la podemos transformar y así transformar el observador que somos de nuestro pasado, nuestro presente, y por supuesto, de la conformación de nuestro futuro.

> ➤ **El Coaching Sistémico**, de Alain Cardon. En este capítulo encontrarás explicaciones sobre cómo procede el coach sistémico para evocar conciencia en el cliente, qué observa, cómo interviene, qué habilidades utiliza, cómo el coach evoca su propia conciencia, cómo influyen los patrones sistémicos en el resultado que busca el cliente y qué elementos tener en cuenta. Encontrarás, además, ejemplos de sesiones y resultados, y una descripción de las competencias específicas de la materia.

> ➤ **El Coaching Esencial**, de Cris Bolívar (2005), es un Coaching transpersonal, que desarrolla el nivel más profundo del ser humano, acompañando el proceso de expansión de la conciencia, desarrollando el potencial, abordando su esencia, su unicidad, rompiendo los límites del ego para re-crearnos generando sabiduría y así alcanzar metarresultados, es decir, resultados que suceden al trascender los automatismos del *ego*.

La mirada desde el Coaching Ontológico

Desde la Ontología del Lenguaje, crear conciencia se enfoca en revisar en nuestras historias y narrativas esos puntos ciegos, esos juicios que no son transparentes, esos estados de ánimo que matizan nuestras acciones y resultados.

Como seres humanos nos desarrollamos en el lenguaje, crecemos en una cultura, rodeados de historias que van conformando nuestro propio mundo interpretativo, formado por juicios y emociones que generan más historias, juicios, emociones y estados de ánimo.

Como exponemos en las siguientes figuras, podemos generar estados de ánimo con respecto a los hechos desde el rechazo o la aceptación, así como hacia futuro con resignación o con aceptación. El poder personal consiste en decidir cómo nos relacionamos con ellos (Figuras 1 y 2).

Figura 1

	Hechos Están en el pasado y no se pueden cambiar, pero sí se pueden reinterpretar	Posibilidades Están en el futuro y se construyen
Rechazo	Resentimiento / Rencor Amargura y confianza	Ambición / Entusiasmo Inmovilización / Estancamiento
Aceptación	Paz / Tranquilidad Disfrute y confianza	Ambición / Entusiasmo Confianza y colaboración

Figura 2

El verdadero acto de descubrimiento no consiste en encontrar nuevas tierras sino en mirar con nuevos ojos. **Marcel Proust**	*La realidad no es más que una ilusión pero muy persistente.* Albert Einstein
	Casi todas las personas son tan felices como preparan sus mentes para serlo. Abraham Lincoln

Evocar conciencia propone al coach atreverse a retar esas historias del cliente para que sea capaz de observar sus juicios y narrativas como solo una "vocecita interna" y cuestionar esas afirmaciones que hace de sí mismo. Por ejemplo, cuando alguien dice "es que yo soy así", esa declaración determina, desde el pasado, el presente y el futuro de la persona.

Entonces, cuando un cliente declara "soy una persona introvertida", el reto del coach está en que pueda identificar esta declaración como solo un juicio que el cliente tiene el poder de decidir si quiere o no sostener, porque puede ser transformado (Figura 3).

Figura 3

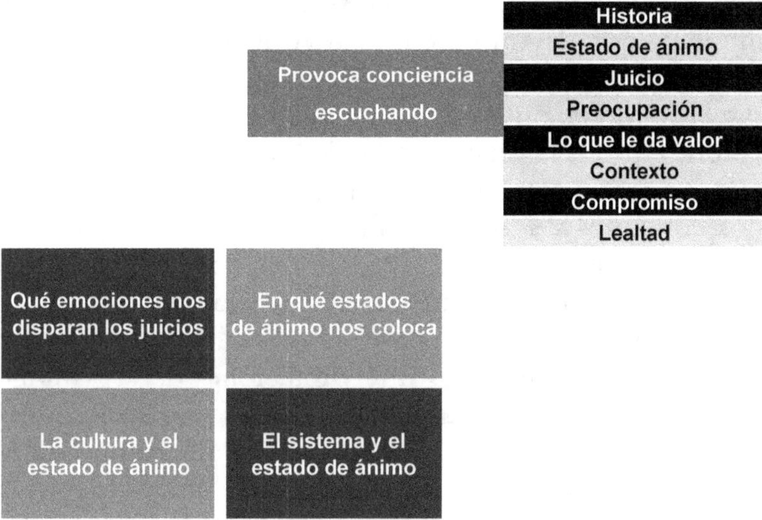

Los actos del habla, desde la perspectiva de la Ontología, nos llevan a poder identificar los estados de ánimo que generan los juicios a partir de los que hacemos declaraciones y coordinamos acciones con los demás (Figura 4).

Figura 4. Los actos del habla

Cuando hago una	Me comprometo con
Afirmación	La veracidad de lo que afirmo.
Declaración	La validez y lo adecuado de lo que declaro; tener la autoridad para poder cumplirla.
Juicio	Tener la autoridad/expertise y fundamentarlo con afirmaciones verdaderas.
Promesa	Cumplimiento y sinceridad.
Pedido	La claridad con que lo formulo.
Oferta	La capacidad y habilidad de cumplirla.

Esta narrativa se convierte en una profecía autocumplida, ya que lo que creo que soy, soy, y en esta capacidad ilimitada que tenemos de buscar confirmar mi declaración sin alguien que me permita verlo, identificarlo, distinguirlo sigue siendo *mi* punto de vista, mi creencia, mi perspectiva, y siento que si la dejo ir estoy dejando ir a mi *ser*, aquello que me define como *soy*. Sin embargo, somos la historia que nos contamos y si solo es una historia, el poder de elegir cambiarla está en nuestra creación de conciencia, es la posibilidad de decidir la que nos abre posibilidades y nos crea poder personal.

"Nuestras diferentes interpretaciones de la realidad y nuestro pensamiento pueden hacernos sentir ansiosos, frustrados, resignados y, en algunos casos, aislados" (Selman, Jim), pero esto es una trampa incansable de mi cerebro que busca confirmación y certidumbre, que busca seguridad y tener la razón, ya que cuando podemos identificar que nuestras historias nos definen, pero no nos determinan, las podemos ver como "historias", y como tales, posibles de ser transformadas sin poner en riesgo el propio ser. Esto abre la posibilidad de reinventarse, de que la historia pierda fuerza y pueda ser transformada a través de la evocación de conciencia que propicie el coach.

Sin el acompañamiento de alguien externo, como un coach, automáticamente el cerebro va a seleccionar el juicio o interpretación que acostumbra seleccionar. Para poder elegir algo diferente se requiere que se cree una relación con alguien o algo fuera de nosotros. Para poder observarse es necesaria la perspectiva de un *otro*, que colabore en la tarea de revisar la historia que ata a determinados juicios e interpretaciones.

Como coaches, al crear conciencia en el cliente estoy proponiendo que desde el lenguaje, la emoción y el estado de ánimo transforme su historia (pasada, presente y futura) a una que le confiera poder personal y posibilidad de acción.

> Muchas veces tendemos a desestimar el rol del lenguaje en nuestras vidas (…) Hablar no cuesta nada (…) Es más fácil decirlo que hacerlo (…) El lenguaje es nuestra principal herramienta para coordinar nuestras actividades (…) Cuando hablamos, no solo estamos describiendo y hablando sobre posibles acciones, *estamos actuando* (Flores, Fernando).

Cuando los juicios son de posibilidad, nos colocan en estados de ánimo de poder personal y de acción; cuando nos colocan en la imposibilidad, nuestra capacidad de tomar responsabilidad y actuar se ve sumamente disminuida, si no es que anulada.

En su formación de "embajadores de posibilidades", Fernando Flores presentó esta imagen que aclara en forma sintética nuestra relación con los juicios, que generan emociones, que se transforman en forma implacable en estados de ánimo. Lo que sigue a este proceso es la historia que nos contamos. La labor del coach está altamente relacionada con gestionar los estados de ánimo a partir de transformar las historias que nos han definido (Figura 5).

Figura 5

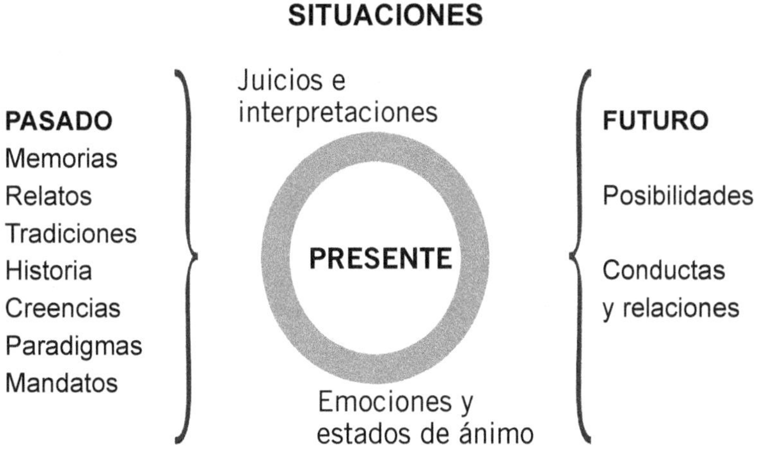

SITUACIONES

El desarrollo del poder personal y la oferta que podemos ser en el mundo no está sumergida en lo que hacemos, está inmersa en la relación que creamos con los demás y la calidad de esas relaciones; como seres sociales nos constituimos en ese *ser* desde nuestra mirada y a través de la imagen que creamos en los demás; sin embargo, si vivimos en mundos interpretativos "individuales", tenemos siempre la opción de elegir desde dónde relacionarnos y cómo presentarnos ante el mundo.

El acompañamiento del coach puede hacer una gran diferencia, ya que estos espacios interpretativos son puntos ciegos hasta que podemos verlos, identificarlos, distinguirlos, y por lo tanto, decidir qué queremos hacer con ellos, si conservarlos o cambiarlos.

La propuesta de evocar conciencia desde este enfoque está arraigada en la transformación de los estados de ánimo a partir de transformar nuestras historias. Como explicó Fernando Flores en su conferencia del programa *Beyond Coaching*, "como coaches, somos embajadores de posibilidades a partir de transformar y navegar los estados de ánimo".

En resumen, nuestras historias definen las personas que somos hoy, pero no determinan nuestra posibilidad del *ser* del futuro; identificar la historia detrás de la emoción, las acciones y los resultados permite transformar la relación con uno mismo, con los demás y con las circunstancias, y eso solo es posible a través del acompañamiento de otra mirada.

Ejemplo de Coaching Ontológico

Un ejemplo específico de transformación es el de una directora financiera de una empresa global que comentó que quería tomarse unos meses de licencia, en vista de que iba a nacer su bebé, y que quería estar segura de que su equipo iba a continuar dando resultados mientras ella no estuviera, pero que no creía poder tomarse la licencia, porque tenía gente nueva, y a otros con mucha carga de trabajo, un equipo poco coordinado. Además, comentó que su mano derecha estaba pasando por muchos problemas personales y no quería recargarlo.

Durante el proceso de Coaching, antes de su fecha de licencia, trabajamos en estas creencias de ella acerca de su equipo, en la confianza en ellos, las historias que ella se hacía de las posibilidades de su equipo, también en su interpretación de que sin su control su equipo no iba a poder. En algunos momentos muy poderosos, se dio cuenta de que estas eran sus historias, y pudo conversar, desde la vulnerabilidad, sobre las preocupaciones acerca de su equipo.

Cuando pudo rehacer su historia y alinearla con las de sus colaboradores, se creó un ambiente de confianza y de conversaciones para la acción donde cada uno se hizo responsable de sus actividades y tareas. La ejecutiva pudo tomarse seis meses de licencia sin problemas, y al regresar, su reto fue hacia dónde seguir construyendo su carrera profesional.

Ejercicio sobre juicios y afirmaciones ————————

Revisando eventos de mi vida

Haciendo un recuento de algunos eventos que impactaron positiva o negativamente en tu vida, escribe pensando en la declaración: "Cuando yo tenía tal cantidad de años, viví esta experiencia", y deja en escritura automática que durante cinco minutos tu mano guíe lo que plasmas en el papel. No lo pienses; simplemente, escribe lo que llega a ti.

Al terminar los cinco minutos, detente donde te hayas quedado, lee lo que escribiste y ve qué emoción te surge. ¿Te inspira? ¿Te enoja? ¿Te mueve? ¿Te paraliza? ¿Te enamora? ¿Qué emoción despierta?

Revisa, ahora, cuáles son los juicios, o sea, aquellas palabras que te gatillan estas emociones. Si son emociones que te movilizaron ¿qué fue lo que te provocaron? Si son momentos que te dejaron enojado, molesto, frustrado, triste o simplemente sin posibilidad, ¿cuáles fueron las palabras que te gatillaron estas emociones? ¿Qué historia te estás contando con cada palabra? ¿Hay algo que no estás viendo en ellas?

Respira profundo, date unos minutos de estar en contacto con estos momentos, de absorberlos y dejarlos fluir, no los detengas, no te pelees con ellos; simplemente, escucha tu respiración y deja que se integren en ti.

Ahora, toma de nuevo tu papel y piensa:

"Yo tengo una varita mágica y puedo volver a escribir esta historia. Yo soy el protagonista que se mueve y se transforma a través de ella, y quiero contarla diciendo:…"

De nuevo, date cinco minutos de escritura automática, escribe tu historia desde esta nueva perspectiva, deja que la emoción y los juicios fluyan desde esta historia mágica de posibilidad.

Al finalizar los cinco minutos, revisa esta nueva historia y haz un recorrido corporal y emocional, chequea cómo te hace sentir esta historia y si te abre alguna posibilidad que no habías visto antes.

La mirada desde el Coaching Sistémico

Comprender cómo evocamos conciencia nos remite primero a revisar cómo funciona el Coaching Sistémico, para luego distinguir las habilidades que utilizamos al evocar conciencia.

Hacemos Coaching observando fractales de patrones sistémicos en el cliente y profundizamos en la relación y el impacto que los patrones tienen sobre lo que el cliente quiere lograr en la sesión. Observamos la *relación* entre patrones y resultado deseado y desarrollamos el potencial de estos últimos, para que el cliente alcance sus logros de manera exponencial. No hacemos Coaching con el contenido de los temas.

¿Dónde están los patrones?

"Los patrones están por todos lados, en todos lados, en lo que el cliente dice todo el tiempo. Hay patrones en la lingüística, hay patrones en el ritmo, hay patrones en el contenido también y patrones en la manera de relacionarse con el coach.

El coach no escucha el contenido (de la sesión), escucha los patrones, porque los patrones son el contenido de esa persona. Eso es lo que un coach escucha y lo que acompaña", explica Alain Cardon, en *Fundamentos del Coaching Sistémico.*

¿Cómo percibimos patrones?

Los seres humanos, la naturaleza, las empresas, los equipos y todo el universo estamos constituidos por patrones que reflejan nuestra manera de ser y hacer. Por ejemplo, cómo abordamos un tema, cómo pensamos, nos expresamos, sentimos, decidimos o resolvemos, entre otros.

Los patrones crean nuestro marco de referencia e influyen de manera directa en los resultados que obtenemos y en las manifestaciones que hacemos. Por lo tanto, cuando el cliente se hace consciente de la multiplicidad de lugares donde opera el patrón, interviene en varios dominios a la vez mejorando sus resultados velozmente.

Dimensiones de conciencia a tener en cuenta

Para una mejor comprensión las distinguiremos así:

1) **La conciencia de la relación coach-cliente**
   El coach sistémico participa del sistema del cliente, es consciente de las conexiones, del espacio, de lo que ocurre, y sabe que todo lo que tenga lugar en la sesión es un indicador del sistema que comparte con el cliente.

2) **La conciencia del coach para escuchar sistémicamente**

Escuchamos fractales y patrones que se relacionan con el tema que el cliente trae a sesión mientras permanecemos con plena *presencia* atentos a lo que él descubre y revela.

3) **La conciencia del coach con su cuerpo y emociones**
La posición baja del coach permite que el espacio físico y energético sea completo para el cliente. Son posturas corporales y actitudes internas que nos mantienen abiertos, conectados, veloces para relacionar y gestionar nuestra energía.

4) **La conciencia sistémica pide atención plena para estar conscientes del todo**
Es casi como una conciencia meditativa, hasta más espiritual. Porque no es acerca de separaciones o exclusiones sino de incluir e integrar, y únicamente es posible si el coach está consciente de las conexiones. Implica abandonar el espacio lineal en que nos relacionamos con eventos y personas como situaciones separadas o disociadas para asumir un

Cuadro 1.
Herramientas sistémicas para evocar conciencia

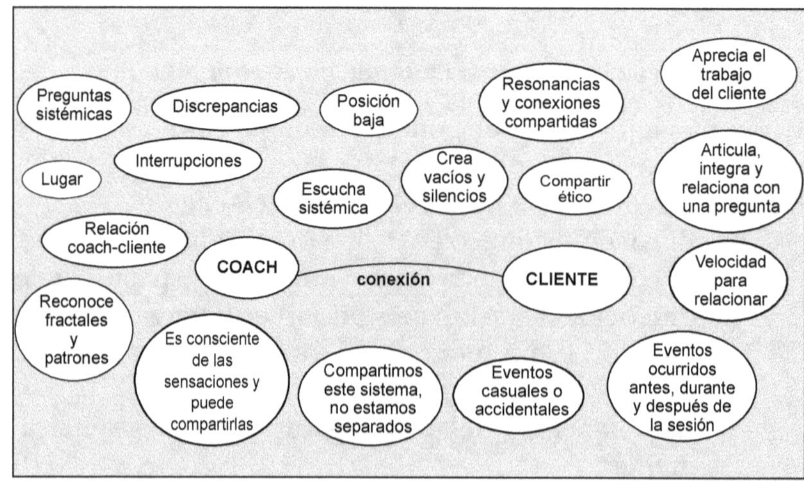

espacio compartido con el otro y lleno de vida, conexiones y relaciones.

5) **La conciencia en el uso de las herramientas sistémicas para la sesión**

El coach es consciente de los eventos aparentemente casuales que hayan ocurrido antes, durante o después de la sesión y los integra a la sesión. También utilizará las herramientas descritas en el cuadro siguiente, realizando las conexiones que considere oportunas (Ver cuadro 1, en la página anterior).

Un ejemplo

Al inicio de una sesión, el coach pidió amablemente a su cliente que elija sentarse en cualquier de las dos sillas disponibles. Moviéndose lentamente y ya pensativo sobre su tema de Coaching, el cliente tomó una de las sillas, la movió unos centímetros hacia atrás, luego hacia adelante, otra vez movió la silla hacia atrás y finalmente se sentó y movió ligeramente su silla hacia adelante nuevamente. Al captar los aparentemente inocentes movimientos, el coach dijo:
—Parece que estás procurando afinar la distancia correcta. Tal vez entre nosotros; tal vez en alguna otra relación que te preocupa. Me pregunto qué es.

Después de un instante de sorpresa, el cliente explicó que había contratado recientemente a un nuevo director y estaba preocupado por encontrar la distancia y delegación adecuadas para él, y que estaba bastante indeciso.

Escuchamos patrones que permiten evocar conciencia

Alain Cardon nos dice en *Fundamentos del Coaching Sistémico* que "nuestra profesión es fundamentalmente auditiva, no visual; en otras palabras, es acerca de sonidos, y obtenemos conciencia a través de la voz, la elección de las palabras, la modulación, los silencios, el ritmo de las frases y la manera en que el cliente define su universo, al que accedemos a través de la audición, que nos permite tomar conciencia y evocar conciencia en el cliente, para ampliar su marco de referencia, como lo indica el origen del Coaching".

Para evitar resistencias con este párrafo, es pertinente aclarar que la manera que tenemos los seres humanos de comunicarnos es a través de la lingüística, y las intervenciones corporales que hacemos son transmitidas a través de la comunicación oral.

Escuchar la profundidad

Imagina a un músico cuando cierra sus ojos para conectar y escuchar su instrumento. No quiere ver nada para poder entrar de lleno en su música. Aun y cuando está grabando una composición, el músico experimentado quiere oír todo el potencial de su o sus instrumentos y adentrarse en sus profundidades, recurriendo a posibles discriminaciones a través de la audición, que le permiten ir más allá y dirigir su oído. La misma concentración y conexión tiene el coach sistémico para escuchar discriminadamente patrones que el cliente revela, articularlos, para poder acompañar en la expansión deseada.

Interrumpimos para evocar conciencia

Creemos que los clientes pueden tenerlo todo ahora saltando al futuro que ya tienen en los confines de sus corazones y almas. No hay separación de tiempo o espacio en la dimensión temporal del Coaching Sistémico. Paradójicamente, la única acción que realmente toma una gran cantidad de tiempo es posponer.

Esta herramienta va acompañada de una pregunta, un compartir o simplemente un silencio. Estimula la reflexión y profundiza la conexión del cliente consigo mismo, facilitando que emerja algo valioso para él. Lo que descubra ampliará su marco de referencia, habilitando nuevas maneras de resolver su tema, creando nuevas conexiones neuronales (sinapsis), nuevas sensaciones y emociones, provocando liberación y espacio a lo nuevo. Es la competencia más importante y se entrena para asegurar que esté al servicio del cliente; de lo contrario, podría causar invasión en lugar de expansión (Ver cuadro 2).

Cuadro 2.
El poder de la interrupción

Resultados de una sesión

Un cliente gerente de ventas acudió a la sesión preocupado porque se acercaba fin de mes y debía presentar sus resultados, que estaban por debajo de lo pactado. La sesión ocurrió un día 23.

El cliente mencionó que no era la primera vez que vivía esta situación y descubrió que su actividad y concentración aparecían con más intensidad en la última cuarta parte del tiempo antes de que venciera el plazo. Tanto en el mes a mes como en el día a día se concentraba en el último cuarto de tiempo. Además, observó que ese porcentaje aparecía reflejado también en su equipo. Tenía un cuarto del equipo enfocado y los restantes tres cuartos no. Y además, se movilizaban durante el último cuarto del tiempo establecido. Todos sus inicios eran tomados por el mismo patrón, sus relaciones, sus nuevos espacios, sus decisiones y acciones.

Como conclusión, interrumpió inmediatamente el patrón anticipando sus inicios y creando resultados múltiples en todos los dominios.

La mirada desde el Coaching Esencial

Desde la mirada del Coaching Esencial, evocar conciencia es el punto clave, el sentido de un proceso de Coaching. Nada distinto va a suceder si no se eleva el nivel de conciencia. Desde un nuevo nivel de conciencia, el resultado será distinto, especialmente si se pone el foco en generar transformación de profundidad, es decir, aprendizaje de tercer orden. Más allá del de primero y segundo orden, descritos por Chris Argyris, refiriéndose a un cambio de conducta o de creencias, respectivamente, el aprendizaje de tercer orden o epistemológico hace alusión al cambio que ocurre al reconectar con el ser esencial y su sabiduría (Cris Bolívar, 2005), para que puedan suceder otros resultados, extraordinarios, que de otro modo no hubieran sido posibles, fruto de la sabiduría (meta-resultados).

Evocar conciencia sucede cuando en el proceso de Coaching nos enfocamos en facilitar la reconexión con la sabiduría, entendiendo como tal, y como diría Aristóteles, el grado más elevado del potencial humano, de conciencia, que sucede al integrar las vías de conocimiento de razón e intuición.

En la figura siguiente se muestra el modelo de sabiduría del que partimos y se describen los elementos y dinámicas de ambas vías de conocimiento y cómo al armonizarlas emerge la sabiduría.

Evocar conciencia representa facilitar el viaje hacia el despertar (flecha de subida); es decir, facilitar que el cliente pueda estar en contacto con la experiencia de lo real, en *presencia*, para que desde ahí pueda generar una transformación en profundidad, un nuevo nivel de conocimiento o conciencia. Esto permitirá en un segundo momento de la sesión o del proceso la nueva percepción o lectura (flecha de bajada), que genere resultados y experiencias realmente distintas. Es el modelo que sigue el método científico, y es en el proceso de subida donde se sucede el conocimiento ampliativo, la serendipia, el darse cuenta, para que a partir de ahí, una vez que se le pueda poner nombre a "lo que se sabe sin saber que se sabe" (intuición), se evoque conciencia, se pueda aterrizar y llevar a la praxis.

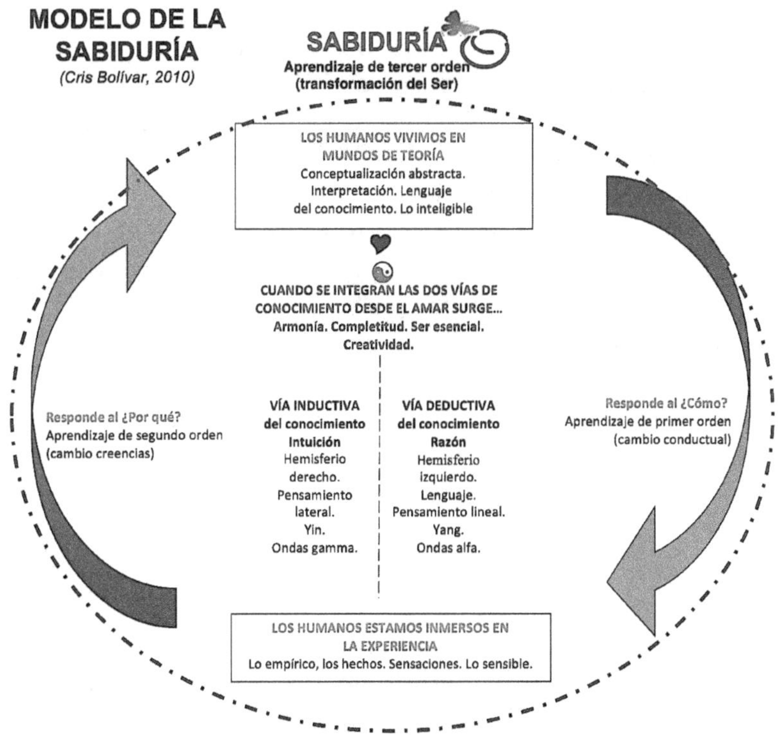

Así que cuando hablamos de evocar conciencia, estamos hablando de acompañar el viaje, de poder ver más allá de las "gafas de color" que son el *ego*, a través de las cuales distorsionamos lo que vemos (flecha de bajada). A partir de este mapa se descubre un conocimiento ordinario, confuso, sesgado o velado en mayor o menor grado. Durante la conversación de Coaching se logra conectar con estados más cercanos al ser esencial, desde donde abrazar todo el potencial, ganar en libertad y poder discernir o leer la realidad con mayor claridad, sin miedo, sin expectativas o sin apegos. Este es el recorrido para que puedan darse los resultados extraordinarios de los que habla ICF, o los metarresultados ya mencionados.

Para ello, nos centramos en tres dimensiones o áreas de conciencia:

> **Conciencia de sí** (autoconocimiento)
> ¿En qué grado se conoce el cliente? ¿Qué sabe de sí mismo? ¿Cómo se percibe? ¿Qué sabe que piensa, siente, hace?

> **Conciencia del otro**
> ¿Quién es el otro? ¿En qué contexto se encuentra el cliente con él? ¿Cómo interactúa? ¿Qué nivel de conciencia tiene de los sistemas que integra?

> **Conciencia del mundo**
> ¿Cuánta conciencia tiene el cliente de la realidad si se la coteja con las expectativas o ideales del *ego*? ¿Cuál es su cosmovisión?

Hablamos de ampliar el campo de la conciencia, para manejarnos de forma más sabia; es decir, que las elecciones y las acciones del cliente sean más correspondientes con la realidad propia, del otro y del mundo. Hablamos de facilitar una visión sistémica, no dual sino holística, en interdependencia con el todo, que propicie la corresponsabilidad.

Además, evocar conciencia está relacionado con tres conceptos importantes cuyos nombres en sánscrito ayudan a dimensionar la potencia que tienen. Son tres aspectos que podemos cotejar y facilitar en el proceso de Coaching, y que llevarán a evocar conciencia y a vivir con más sabiduría:

- ➤ **Discernimiento** (*viveka*)
  Entre lo real y lo irreal.
- ➤ **Desapego** (*vairagya*)
  Sucede en la medida en que haya una desidentificación progresiva de aquello que se va discerniendo como irreal.
- ➤ **Liberación** (*moksha*)
  Se arriba así a la liberación del *ser*, del potencial, al darse cuenta de que no se necesita aquello a lo que, equivocadamente, nos habíamos apegado, sean creencias, objetos, afectos, acciones, poder, porque se toma conciencia de ser completo en sí, y se deja de vivir en la carencia. En otras palabras, se transforma la percepción de carencia en percepción de abundancia, se conecta con el potencial.

Por todo lo explicado anteriormente, para evocar conciencia, desde nuestra perspectiva de Coaching Transpersonal, consideramos que es fundamental no solo acompañar la conexión con lo que incrementa la conciencia, sino también acompañar el viaje a trascender aquello que lo dificulta. Para nosotros, como ya hemos visto, se relaciona con el *ego*, pues desde él vivimos en estados reactivos de confusión, apego y miedo, que provocan sesgos en la percepción y nos alejan de la realidad, lo que resulta problemático y genera sufrimiento.

Nadie se ilumina fantaseando figuras de luz,
sino haciendo consciente su oscuridad.

Carl Jung

De este modo, podemos decir que evocar conciencia significa facilitar que el cliente pueda hacer lecturas cada vez más profundas de su relato significativo, poniendo foco en desvelar verdad, en el sentido de traer a la luz el conocimiento velado y oculto de lo que ya sabe pero no tiene accesible en su nivel actual de conciencia. La finalidad del trabajo de Coaching es que pueda conectar con lo que ya es, con el potencial que no está siendo.

Inspirar conciencia es un proceso de transmutación
hacia un estado más despierto del Ser,
donde lo que aparecía como incuestionable y el apego
a la realidad convencional se van disolviendo y en su
lugar emerge más verdad.
Martin Heidegger

Por eso, una de las herramientas fundamentales es la mayéutica socrática, base del Coaching, que se relaciona especialmente con las competencias de Preguntar Poderosamente y Crear Conciencia del anterior modelo de competencias de la ICF, que están integradas en el modelo actual.

En este sentido, consideramos necesario que el coach con más experiencia se sitúe en la posición de maestro socrático, que acompañaba el viaje hacia el autoconocimiento, que formaba un tándem indisoluble con el estulto ("el que no se ama porque no se conoce, y no se conoce porque no se ama") para ayudarlo a convertirse en sabio ("el que se conoce porque se ama y se ama porque se conoce"). Como se ve, la idea era que la persona pudiera desarrollar su potencial a través del amor. La posición de maestro socrático se da cuando el coach está en conexión con los estados del *ser*, la "ignorancia sabia" y el amar, desde el silencio y la humildad.

Por último, cada dimensión o nivel de conciencia requiere de recursos distintos para facilitar el paso a un nivel de conciencia superior, acompañando al cliente en su siguiente paso natural de proceso. Toda pregunta es válida y será el cliente el que decida lo poderosa que le resulta.

Ejercicio "El cuento"

Se le pide al cliente que continúe el cuento a partir de la siguiente introducción: "Érase una vez, en una granja donde vivían muchos animales, un huevo de gallina que estaba a punto de eclosionar…".
Después, se le pide que lea en primera persona lo que escribió y se van viendo las analogías significativas para el foco de trabajo. Puede también hacerse partiendo de cero, cocreando un relato en forma de cuento con el cliente.
Como toda herramienta artística es altamente proyectiva, aporta luz a identificaciones, miedos, creencias, y en general, a niveles inconscientes, facilitando evocar conciencia sobre el área donde se enfoque el ejercicio.

Conclusiones

Las distintas opciones y miradas presentadas en estos enfoques demuestran la fuerte presencia de esta competencia de la ICF. Podemos trabajar desde diferentes líneas, pero en todas encontraremos la presencia de las habilidades relativas a evocar conciencia guiando el proceso.

Como mencionamos al inicio, esta competencia es fundamental en el desarrollo, la profundidad y la expansión que logre el coach en las sesiones. En ella convergen las competencias anteriores, que se asientan para posibilitar el Evocar Conciencia.

Preguntas para el lector

Conscientes de que el tema no se agota aquí, queremos invitar a la reflexión a través del siguiente cuestionario, que tiene el propósito de inspirar la búsqueda de recursos que evoquen más conciencia.

> ➤ ¿Cómo saber si el cliente ha alcanzado un nivel superior de conciencia?
> ➤ ¿Cómo nos aseguramos de comprobarlo?
> ➤ ¿Cómo no forzar el proceso del cliente, ir solo hasta el siguiente nivel de conciencia al que el cliente puede acceder aquí y ahora?
> ➤ ¿Estoy enfocándome en el problema o estoy observando a la persona?
> ➤ ¿Qué necesito hacer, pensar, ser, para no tratar de solucionar el problema sino ver sus patrones y sus historias?
> ➤ ¿Qué otras y diversas herramientas o ejercicios puedo emplear para provocar conciencia?
> ➤ ¿Cómo acompañar la resistencia del cliente a entrar en un estado mayor de conciencia?
> ➤ ¿Cómo acompañar al cliente a manejar los cambios sistémicos que suceden cuando accede a nuevos niveles de conciencia?
> ➤ ¿Cómo puedo crear mayor profundidad, presencia y escucha para evocar conciencia?

Bibliografía

Adams, M.: *Change Your Questions, Change Your Life: 10 Powerful Tools for Life and Work*. Kindle Edition.

Bolívar, C.: *Desempoderar al ego para empoderar al ser desde la mirada de la Esencialidad*. Revista *Cuadernos de Coaching*, International Coaching Federation, Número 24, Junio, 2020.

__________: *1 con 1 = TODO, o el regreso a la esencia desde el Eneagrama Esencial y el Coaching Esencial*. Revista digital de *Aeneagrama IEA España*, número 1, marzo, 2016.

__________: *Generar sabiduría en las organizaciones: la mirada de la Esencialidad*. Magazine *Organizaciones del siglo XXI* - Desarrollo Organizacional de Itamar Rogovsky & Alumni, GR Global. Junio, 2018.

__________: *Ensayo sobre Hermenéutica: Reflexión sobre la Hermenéutica y el sujeto como propia obra de arte.* https://essentialinstitute.org/recursos/articulos-y-publicaciones, 2013

__________: *El arte de preguntar en Coaching Esencial. Mundo Coaching Magazine,* Febrero, 2015.

__________: *Modelo epistemológico de cosmovisión neo-renacentista. https://essentialinstitute.org/recursos/articulos-y-publicaciones,* 2012.

__________: *El Coaching Esencial.* Revista *Col.legi Psicòlegs Catalunya,* octubre 2007.

Cardon, A.: *Perspectivas cuánticas en el Coaching Sistémico.* Kindle Edition, 2020.

Doidge, N.: *The Brain That Changes Itself.* James H. Silberman Books, Penguin Publishing Group, Kindle Edition.

Flores, F.: *Conversations For Action and Collected Essays: Instilling a Culture of Commitment in Working Relationships.* Create Space Independent Publishing Platform, Kindle Edition.

Glaser, J.: *Conversational Intelligence.* Taylor and Francis, Kindle Edition.

Maslow, Capra, Grof, Wilber, Dass, Tart, Goleman y otros: *Más allá del ego.* Editorial Kairós.

Selman, J.: *Viviendo en un mundo en tiempo real: 6 capacidades para prepararte para un futuro inimaginable.* Kindle Edition.

__________: Leadership (p. 94). Unknown. Kindle Edition.

Zweig, C.; Wolf, C.: *Vivir con la sombra.* Editorial Kairós.

En la web:

Bustos González, F.: ¿Qué es el coaching sistémico? Art.digital, Abril, 2019.

www.Presscoaching.com: ¿Qué es el Coaching Sistémico? | Press Coaching.

El E-book sistémico de Coaches Consultores, Fernanda y Jorge Crosetti, Febrero 2022 descarga gratuita a través de la página web: HYPERLINK "http://www.coachesconsultores.com" www.coachesconsultores.com

Acerca de las autoras

Cris Bolívar

Se dedica desde hace treinta años a acompañar procesos de transformación personal, organizacional y social hacia la conciencia, la espirituali-

dad y la sabiduría. Primera master coach certificada por la ICF en España, exvicepresidenta de ICF España, mentor coach y supervisora de la ICF. Creadora de la Esencialidad, el Coaching Esencial y el Eneagrama Esencial. Consultora master en Desarrollo Organizacional. Licenciada en Filosofía y Licenciada en Psicología. Profesional acreditada en Eneagrama (IEA). Formadora y directora de programas acreditados internacionalmente. Estudiosa de distintas sabidurías milenarias (budismo, cábala, sufismo. Ha publicado numerosos artículos y es coautora de varios libros. Fundadora y CEO de Essential Institute. Poeta y pintora.
crisbolivar@essentialinstitute.org

Diana Ajzen
Master coach y mentora certificada por la ICF, y supervisora por la EMCC, con maestría en Desarrollo del Potencial Humano y Organizacional (Coaching) y en Pedagogía. Licenciada en Educación Especial y especialidades en Tecnología Educativa e Inteligencia Positiva. Es socia directora de Coaching con Visión, empresa que forma a personas ciegas como coaches y promueve programas de liderazgo a mandos medios en forma personalizada y disruptiva. Fundadora y directora de Possibilia, empresa internacional enfocada sobre el desarrollo de programas para altos ejecutivos y organizaciones. Acompaña en procesos de transformación personal, liderazgo, equipos y organizacional, con enfoques ontológicos y sistémicos.
diana.ajzen@possibilia.com.mx

Fernanda Bustos González
Master coach certificada por la ICF, especializada en la Corriente Sistémica formada por Alain Cardon. Nacida en Catamarca, Argentina. Más de veinte años dedicados al desarrollo del Liderazgo Transformacional y el Coaching en 16 países. Coach ontológica egresada de Newfield Network, Coach sistémica de equipos, supervisora, mentor coach y consultora organizacional. Desde el año 2018 representa a la especialidad sistémica en Latinoamérica, aportando nuevos marcos de referencia, reflexiones y dinámicas. Junto a su esposo, con quien comparte la pasión y el compromiso con el Coaching, dirige Coaches Consultores.
www.coachesconsultores.com

Capítulo 8

Facilita el Crecimiento de Cada Cliente

Lida Esperanza Garzón - Claudia Lalloz
Jimena Sainz - Jorge Salinas - Susie Warman

> *No basta con dar pasos que han de conducir*
> *un día a una meta; cada paso debe ser en*
> *sí mismo una meta que al mismo tiempo*
> *nos hace avanzar.*
>
> Goethe

Bienvenida la magia de las palabras y bienvenido el momento en el que facilitar el crecimiento conecta etimológicamente el ser del lenguaje con el ser de nuestra profesión.

El término latino *facilitas* hace referencia a la cualidad de poder hacer fácil o posible la ejecución de algo o la consecución de un fin que incluye también la posibilidad de proporcionar o entregar algo. ¿Qué es lo que como coaches entregamos para facilitar que nuestros clientes consigan sus objetivos? Según nuestra experiencia profesional, lo que le entregamos es nuestra habilidad como coaches para que los clientes puedan observar cómo están actuando, desde qué emocionalidad lo hacen y cuánto eso impacta en la toma de sus decisiones.

Facilitar el aprendizaje reúne armónicamente el crecimiento interior del coach, del cliente y de los resultados que ambos cocrean en la sesión. Como todo crecimiento, es el resultado de un proceso de continuidad y progreso que involucra tiempo de aprendizaje y evolución. Será, pues, nuestra misión, acompañar ese crecimiento y evolución del cliente durante las distintas etapas del proceso de Coaching.

Como parte de una unidad llamada vida cada desplazamiento que provocamos en nuestros clientes nos afecta a nosotros y a nuestro entorno. ¿Qué tan conscientes estamos siendo los coaches del impacto sistémico que generamos?

Al igual que todos los seres vivos de la naturaleza, podemos provocar movimientos que nos permitan fluir, avanzar y evolucionar o, por el contrario, quedarnos quietos y estancarnos sin encontrar salida. Nuestra profesión nos pide observar este movimiento y reflexionar: ¿Qué tanto avanzamos cuando creemos en lo que hacemos? ¿Cuánto de ese **avance** facilita el aprendizaje del cliente? ¿Qué nos lleva, a veces, a estancarnos? ¿Qué papel juegan nuestra confianza o nuestro **ego** en la dinámica conversacional que establecemos con nuestros clientes?

Quienes aceptamos el desafío de escribir de manera conjunta este capítulo, nos pusimos a reflexionar sobre ciertas conversaciones internas que esta competencia nos generaba, qué aprendizajes habíamos encontrado a lo largo de todos los años de experiencia y cómo los habíamos podido capitalizar.

Surgieron así algunas situaciones que queremos compartir, para mostrar tendencias limitantes que nos pueden aparecer a los coaches.

Veamos dos ejemplos de diálogo interno:

"Estamos llegando al final de la sesión y me aparece cierta incomodidad. Me estoy dando cuenta de que ahora el cliente está trayendo algo que nos desvía de lo que estuvimos trabajando. ¿Qué hago? ¿Reviso el acuerdo o sigo como si nada pasara? ¿Será ético no prestar atención a esto nuevo que trae? ¿Y si esto nuevo es lo realmente importante y todo lo que estamos diseñando no es vital para él? Nos quedan pocos minutos. ¿Qué hago? Esta sensación me hace sentir que no estoy siendo un buen coach… Mejor cerramos y lo dejamos para la próxima."

"No le estoy creyendo nada de lo que me dice. Ya dos veces no cumplió con sus compromisos y presentó siempre alguna excusa. ¿Volverá otra vez a hacer lo mismo? Voy a pedirle que él mismo me diga con qué se va a comprometer y cómo se va a hacer cargo de lo que promete. Espero que esta vez cumpla, porque si no... me plantearé cerrar este contrato y no es un buen momento para hacerlo. No puedo trabajar con gente poco comprometida."

¿Cuáles son tus diálogos internos?

Definición de la competencia

Esta competencia es definida de la siguiente manera por la ICF:

> *Colabora con cada cliente para transformar*
> *el aprendizaje y el entendimiento en acción.*
> *Promueve la autonomía de cada cliente*
> *en el proceso de Coaching.*

La palabra "colaborar" viene del latín *collaborare* y significa "trabajar juntos en un proyecto". En este caso, el coach y su cliente trabajan juntos para alcanzar los objetivos que este último se haya propuesto en su sesión o en el proceso en general.

Como coaches, estimulamos y acompañamos a nuestro cliente para que defina acciones que le permitan demostrar, poner en práctica y profundizar lo aprendido durante la sesión. La coherencia entre los objetivos definidos en el Acuerdo y las acciones diseñadas es vital.

El actual Modelo de Competencias de ICF integra en la competencia que estudiamos tres competencias del modelo anterior, reforzando el rol del coach como facilitador del crecimiento del cliente.

Las anteriores competencias Diseño de Acciones, Planificación y Establecimiento de Objetivos y Gestión del Progreso y Responsabilidad pasan a formar parte de un bloque unificado en el que el foco está puesto en la colaboración del coach, con el fin de que el cliente asuma la responsabilidad de diseñar las acciones que serán beneficiosas para él y para su sistema.

Presentamos, a continuación, cada uno de los componentes descritos por la ICF, donde se evidencia cómo el coach facilita el crecimiento de los clientes.

1. Trabaja con cada cliente para integrar la nueva conciencia, entendimiento o aprendizaje en su visión del mundo y sus comportamientos

Es importante que, como coaches, promovamos el autodescubrimiento del cliente, de manera tal que en el momento de evaluar los diferentes escenarios sea consciente de la coherencia entre sus acciones, lo que desea alcanzar y el impacto sistémico que generan.

Ejemplos de preguntas de intervención

- ➤ ¿Qué estás viendo ahora que antes de la sesión no veías?
- ➤ ¿Cómo impacta eso que descubres en el logro de tus objetivos?
- ➤ ¿Cuál es la oportunidad que surge para ti con esto que has visto?
- ➤ ¿Qué posibilidades se te abren a partir de este nuevo descubrimiento?
- ➤ ¿Cómo crees que este aprendizaje impactará sobre aquellos sistemas de los cuales formas parte?

> ➤ Si te paras en esa nueva perspectiva, ¿en quién te conviertes?
> ➤ ¿Qué empieza a ser posible? ¿Cómo?
> ➤ ¿A qué te invita esta nueva mirada o descubrimiento?

2. Colabora con cada cliente para diseñar metas, acciones y medidas de responsabilidad que integren y expandan nuevos aprendizajes

Es parte de nuestro acompañamiento indagar sobre la responsabilidad del cliente a la hora de ejecutar las acciones que le van a permitir concretar los objetivos. En este sentido, colaboramos para que todas las medidas de asunción de responsabilidad le permitan integrar los aprendizajes para diseñar el futuro deseado.

Ejemplos de preguntas de intervención

> ➤ ¿Qué acciones puedes llevar a cabo partir de lo que estás observando?
> ➤ ¿Qué relación existe entre esas acciones y los objetivos que te has planteado?
> ➤ ¿Con qué te comprometes para alcanzar tus objetivos?
> ➤ ¿Qué tanto estás dispuesto a contribuir para el logro de tus resultados?
> ➤ ¿Quién más se va a beneficiar en tu entorno y recibirá el impacto de esto?
> ➤ ¿Cómo medirás o evaluarás tus resultados?

3. Reconoce y apoya la autonomía de cada cliente en el diseño de sus metas, acciones y métodos de responsabilidad

Una manera de honrar el potencial del cliente es reconocer su poder personal e incentivar su autonomía, lo cual contribuye al desarrollo de su autoconfianza. Si bien es el cliente quien escoge sus metas y acciones para concretarlas, nosotros, como coaches, cocreamos y colaboramos en ese diseño. Es competencia del cliente definir el método de responsabilidad que escogerá para concretar su plan de acción. En esta instancia planteamos también la posibilidad de que el cliente precise realizar ajustes al plan inicial y rediseñar los correspondientes compromisos que traducirá en acciones.

Ejemplos de preguntas de intervención

> ➤ ¿En qué medida contribuirás al logro de tus objetivos?
> ➤ ¿Qué depende de ti en este plan de acción?
> ➤ ¿Cómo cambiará tu vida si consigues esto que te propones?
> ➤ ¿Qué hará sostenibles estos cambios?
> ➤ ¿Cómo posicionas esta meta en tu escala de prioridades?
> ➤ ¿Cómo vas a saber que lo has logrado?

4. **Apoya a cada cliente en la identificación de resultados o aprendizajes potenciales a partir de los pasos de acción identificados**

Es importante facilitar el espacio de reflexión del cliente para que revise quién ha sido frente a los compromisos asumidos en sesiones pasadas, qué aspectos de sí mismo le permitieron o impidieron concretar lo que se había propuesto, de manera que pueda reconocer su capacidad de actuar y obtener resultados, y también, de identificar aquellos obstáculos que no ha podido sortear con éxito. Todo esto le ayudará a anclar mejor sus compromisos por medio de acciones.

Como coaches, estamos para invitarlo a que se reconozca a sí mismo y siga avanzando, independiente de si ha podido alcanzar sus objetivos o no. Nuestro acompañamiento deja de lado el juzgar para reemplazarlo por el reflexionar.

Ejemplos de preguntas de intervención

> ➤ ¿Cómo estás con relación a los compromisos que habías asumido en la sesión anterior?
> ➤ ¿Qué has conseguido hasta ahora?
> ➤ ¿Qué tan satisfecho o insatisfecho estás con el logro de tus resultados?
> ➤ ¿De qué te sientes orgulloso con relación a lo que conseguiste?
> ➤ ¿Qué descubriste de ti con relación a tus compromisos?
> ➤ ¿Qué se interpuso entre tus compromisos y tus resultados?
> ➤ ¿Qué te ayudará a ser más eficiente en tu plan de acción?
> ➤ ¿Cómo puedes relacionar este aprendizaje con el objetivo de tu sesión?

5. Invita a cada cliente a considerar cómo avanzar, incluidos recursos, apoyo y potenciales barreras

En el diseño de acciones, acompañamos al cliente a considerar con qué recursos propios o ajenos cuenta y cómo lo acercan a los resultados esperados e impactan sobre los sistemas con los que interactúa. A partir de esta claridad, formulamos preguntas para ayudarle a concretar acciones que lo acerquen al logro de sus objetivos y a considerar las barreras que pueden presentársele y cómo las puede enfrentar.

Ejemplos de preguntas de intervención

> ➤ ¿Con qué recursos cuentas para tener éxito con tu objetivo?
> ➤ ¿De quién necesitas apoyo para alcanzar los resultados?
> ➤ ¿Qué significan para ti esas acciones?

> ¿Cómo sabrás que lo has logrado?

> ¿Cómo medirás el éxito?

> ¿Cuáles serán los primeros pasos? ¿Cuándo? ¿Cómo? ¿Dónde? ¿Con quién?

> ¿Cómo se darán cuenta los demás de que estás alcanzando tus objetivos?

> ¿Qué obstáculos se te pueden presentar en el logro de tus objetivos?

> ¿Cómo puedes prepararte para sortear los obstáculos?

6. Colabora con cada cliente para resumir aprendizaje y entendimiento dentro o entre sesiones

Es el cliente durante la sesión el que resume lo que ha podido observar. El aprendizaje también se va consolidando a lo largo del proceso. Ponerlo en palabras desafía al cliente a actuar en coherencia.

Ejemplos de preguntas de intervención

> ¿Dónde te encuentras ahora con relación a tus objetivos?

> Si tu plan de acción reflejara quien estás siendo, ¿qué te gusta o no te gusta de lo que estás viendo?

> ¿Para qué te está sirviendo este proceso?

> ¿Qué crees que te falta aprender?

> ¿Qué acciones te propones para completar tu plan de acción?

> ¿Cuáles han sido las claves para conseguir resultados hasta ahora?

> ¿Quién estás siendo a partir de estos aprendizajes?

> ¿Cuál ha sido el impacto de tus resultados en los sistemas con los que interactúas?

7. Celebra el progreso y los éxitos de cada cliente

Celebrar los logros de nuestros clientes impacta tanto sobre el proceso como la mirada sistémica de nuestra profesión. La celebración nos predispone emocionalmente a compartir con otros y a expandir nuestros horizontes de vida.

Ejemplos de preguntas de intervención

> ➤ ¿Cómo vas a celebrar tus logros?
> ➤ ¿Cómo va a beneficiarse tu entorno con el éxito conseguido?
> ➤ ¿Qué tienes para reconocerte?
> ➤ ¿De qué te sientes orgulloso?

8. Colabora con cada cliente para cerrar la sesión

Resuena, en nuestro modo de trabajar como coaches, que toda sesión termina como evento, pero continúa como proceso. Con el espíritu de cocrear, cada vez que damos cierre a una sesión, invitamos a nuestro cliente a que exprese cómo se siente, qué ha logrado, cómo cree que se ha beneficiado durante la sesión (o el proceso) y qué oportunidades tiene por delante. De manera incondicional, ofrecemos nuestro apoyo para lo que requiera, y acordamos fecha para las sesiones de seguimiento.

Así como al inicio de la sesión y del proceso nuestra predisposición emocional es de apertura, en el momento del cierre nos conectamos con la gratitud.

Ejemplos de preguntas de intervención

> ➤ ¿Cómo te gustaría cerrar la sesión?
> ➤ ¿Cuán satisfecho estás con la sesión?
> ➤ ¿Hay algo más que necesites de esta sesión o crees que se puede cerrar aquí?
> ➤ ¿Qué va a ser diferente después de esta sesión?
> ➤ ¿Cómo te sientes en relación con lo que viniste a buscar?
> ➤ ¿Qué vas a recordar de esta sesión?
> ➤ ¿Qué representó para ti el proceso de Coaching?

Marcos teóricos adicionales

La competencia que estudiamos en este capítulo se aplica de principio a fin, totalmente conectada con el establecimiento del Acuerdo, punto desde el cual acompañamos al cliente a establecer lo que busca y convertir en acción lo que plantea en cada encuentro.

En esta ampliación de la competencia presentamos cinco distinciones a tener en cuenta como herramientas que facilitan la intervención del coach a la hora de aterrizar las metas en resultados medibles. Todo esto, fruto de nuestra experiencia en Coaching organizacional.

Distinciones útiles para medir los resultados de los clientes

Los coaches que compartimos la pasión por esta profesión hemos adquirido las competencias y habilidades necesarias para acompañar a otros en su crecimiento desde la mirada de diferentes escuelas, lo que explica la diversidad de métodos y herramientas utilizadas durante nuestra práctica. Sin embargo, conociendo y aceptando la riqueza que proporciona esta pluralidad, todos compartimos una misma certeza: ¡Sin resultados no hay Coaching!

Hablar de resultado, en Coaching, es hablar de transformación, cambio de comportamiento, de modelo metal y, en definitiva, de cambio de actitud ante la vida. Poder hacer un seguimiento de esos cambios se revela como un elemento esencial e imprescindible de todo el proceso.

Según los objetivos marcados y las valoraciones que hagamos del progreso de nuestros clientes podremos valorar de tres formas:

> ➤ **Cualitativas**, si tan solo podemos contar con una valoración basada en sensaciones o percepciones subjetivas.

➤ **Semicuantitativas**, cuando otras personas, observadores externos del programa, pueden compartir su percepción sobre esos cambios.

➤ **Cuantitativas**, cuando los cambios se pueden medir, contar o grabar.

Sabemos que el mejor resultado de un proceso de Coaching será una transformación integral de nuestro cliente, que a partir de ese momento gestionará su vida, su trabajo y sus relaciones con recursos que potenciarán su satisfacción personal. Sin embargo, cuando trabajamos con profesionales del ámbito organizacional, cuyos programas de Coaching están patrocinados por sus empresas, es habitual que estas soliciten que se realice una medición del progreso que justifique la inversión en tiempo y dinero realizada. Es en este tipo de programas donde nos conviene disponer de un modelo que clarifique los conceptos y facilite convertir las metas que se proponen nuestros clientes en comportamientos observables y medibles.

A continuación, presentamos las cinco distinciones que consideramos importantes para intervenir con mayor efectividad y precisión en la definición de los objetivos y el plan de acción de nuestros clientes.

1) **Meta.** Es un propósito de mejora expresado por un cliente, y/o su patrocinador, al inicio de un programa de Coaching, declarado, a veces, de forma amplia y ambigua. Suele comenzar diciendo: "Quiero/ Necesito/Me gustaría mejorar". Para alcanzar esas metas, el cliente precisará, entre otras cosas, definir el objetivo de trabajo así como también desarrollar ciertas competencias.

En los procesos de Coaching Ejecutivo, los managers –gerentes– o nuestro interlocutor en Recursos Humanos, nos comunican de manera genérica o con información básica lo que el cliente tiene que mejorar o desarrollar; por ejemplo, la relación con sus pares.

2) **Competencia.** Es la aptitud para desempeñar una función o tarea que conduce a la meta; por ejemplo, mejorar la relación entre pares. Puede involucrar competencias como Gestión de Conflictos. Las competencias definen un perfil profesional y están recogidas en los informes 360°, por ejemplo.

3) **Habilidad**. Es la suma de conocimientos y capacidades que alimentan una competencia. Por ejemplo, la asertividad y la escucha son habilidades de la competencia Comunicación; flexibilidad, aceptación o reencuadre impactan en la competencia Gestión de Conflictos. Es muy conveniente *"SMARTizar"* las habilidades del plan de acción[1].

4) **Comportamiento**. Es lo que hago y, por tanto, es observable por mí y por los demás (podría ser grabado por una cámara de video). Por ejemplo, guardo silencio, compruebo entendimiento, parafraseo, resumo, miro a los ojos. Son comportamientos que refuerzan la habilidad Escucha. Cualquier comportamiento que se quiera cambiar debe ser expresado en primera persona y en forma positiva, es decir, verbalizar lo que se va a hacer y no lo que se quiere evitar.

5) **KPI**[2]. Es un indicador de desempeño para medir la evolución y sostenibilidad de un cambio de com-

---

1 Según George Doran, los objetivos SMART son específicos, mensurables, alcanzables, relevantes y temporales. SMART es un acrónimo que hace referencia a cada una de las características que debe tener una buena meta.

2 El término KPI, siglas en inglés, de Key Performance Indicator, cuyo significado en castellano vendría a ser Indicador Clave de Desempeño o Medidor de Desempeño, hace referencia a una serie de métricas que se utilizan para sintetizar la información sobre la eficacia y productividad de las acciones que se lleven a cabo.

portamiento. Por ejemplo: se cumple o no se cumple con un comportamiento, y cuántas veces por día o por semana se lleva a cabo.

Uno de los desafíos a los que nos enfrentamos los coaches es utilizar nuestra capacidad para indagar y explorar a través de preguntas que hagan que nuestros clientes traduzcan metas en KPI.

Las metas, las competencias y las habilidades se pueden valorar en función de índices de satisfacción cualitativa o semicuantitativa, pero no se pueden medir en términos absolutos.

Medir el cambio de comportamiento de nuestro cliente apoya el logro de su meta. El riesgo de no hacerlo es dejar al cliente plasmar sus objetivos en un plan de acción poco concreto y sujeto a interpretaciones que poco o nada nos dirán de la efectividad del programa de Coaching.

Observemos los siguientes ejemplos:

Meta	"Quisiera mejorar la relación con mi jefe"
Competencias	Gestión de conflictos / comunicación / gestión emocional
Habilidades	Asertividad/escucha/parafraseo/empatía
Comportamientos	Estar en silencio/ no interrumpir / preguntar / chequear emociones
KPI	Lo hace o no lo hace / frecuencia con que lo hace/autovaloración / *multifeedback*

Meta	"Me gustaría que mi equipo estuviera más comprometido con el proyecto"
Competencias	Motivación
Habilidades	Reconocimiento
Comportamentos	Dar *feedback* de refuerzo
KPI	Número de veces a la semana

Meta	"Quiero desarrollar mi capacidad para inspirar a otros"
Competencia	Visión estratégica
Habilidad	Creatividad
Comportamiento	Proponer nuevas iniciativas
KPI	Aporto una idea nueva en cada reunión mensual

Elementos de medición - *Stakeholders*

Es nuestra responsabilidad como coaches trabajar con cada cliente para ayudarlo a integrar nueva conciencia, entendimiento o aprendizaje en su visión del mundo y sus comportamientos. Somos conscientes de que el uso de herramientas de diagnóstico incrementa el autoconocimiento y la eficacia del proceso, al facilitar la identificación de las habilidades a desarrollar y ajustar el número de sesiones que el cliente necesite.

Existen numerosas herramientas cuya aplicación está extendida, sobre todo en el ámbito organizacional. Entre las más utilizadas para procesos individuales están los Informes 360°, el MBTI (Myers Briggs Type Indicator), el firoB (Fundamental Interpersonal Relations Orientation Behaviour), PDA (Personal Development Analysis), HOGAN LFS (Hogan Leadership Forecast Series) y DISC. Otras son más utilizadas para abordar procesos sistémicos, es decir, en programas de Coaching de Equipos, como el TDA (Team Diagnostics Assessment), el MPA (Master Personal Analysis), los Roles de Belbin y los múltiples estudios de clima organizacional.

No es objeto de este capítulo desarrollar cada una de las herramientas, animamos al lector a que busque información que le permita conocer en qué consisten y cuáles son sus aplicaciones.

Modelo de Implementación de un Plan de Acción de Coaching Ejecutivo[3]

El modelo de implementación de un plan de acción de Coaching Ejecutivo elaborado por la consultora EXEKUTI-VE Coaching es un proceso innovador y probado, diseñado para ser aplicado en los procesos en los que la empresa contrata al menos ocho sesiones de Coaching, que es el mínimo necesario para que el programa permita un diagnóstico, la elaboración de un plan de acción y su implementación.

La consultora sugiere que se realice antes un análisis de la situación con herramientas de diagnóstico específicas (Informe 360°, PDA, MBTI, DISC, entre otras) o solicita información precisa en una reunión tripartita, donde además del coach y el cliente pueden participar el gerente o manager a quien reporta, o un interlocutor de Recursos Humanos.

Todo lo trabajado en este modelo debe estar alineado con los acuerdos de procesos y de sesión establecidos por la ICF, así como con el marco ético que rige nuestra profesión.

Es importante destacar que la implementación de esta herramienta requiere del dominio de las distinciones presentadas en este capítulo, en el apartado *Marcos teóricos adicionales*.

Análisis previo

Antes de elaborar el plan de acción es preciso que trabajemos con nuestro cliente en la identificación de sus metas y competencias.

Le solicitamos que identifique:

> **Competencias fuertes**: Aquellas que tiene y domina. Por ejemplo, motivación, orientación al cliente.

---

3 Material cedido por EXEKUTIVE Coaching.

> ➤ **Competencias mejorables**: Aquellas que desea mejorar y que refuercen su desempeño profesional. Por ejemplo, comunicación, delegación.
> ➤ **Metas del programa de Coaching**: Por ejemplo, mejorar la comunicación con el equipo.

Objetivos del programa

> ➤ Solicitamos a nuestro cliente que seleccione las competencias que le van a permitir alcanzar las metas que se propone.
> ➤ Cada competencia llevará asociadas una o más habilidades (objetivos a trabajar) que se sustentarán en comportamientos medibles a través de KPI.
> ➤ Le ofrecemos al cliente una tabla que contenga la siguiente información a completar con cada una de las competencias a trabajar.

Ejemplo Competencia 1: COMUNICACIÓN			
Habilidades (objetivos)	**Comportamientos (KPI)**	**Fechas**	**Formas de medir**
Asociadas con la competencia elegida Ej.: Escuchar, preguntar, planificar.	Que sustentan la habilidad: Ej.: "Utilizo el silencio", "No interrumpo", "Confirmo entendimiento". **Expresados siempre en 1ª persona** (Añade entre 2 y 5 comportamientos por cada habilidad.)	Ej.: En la reunión de los viernes.	Sí/No El número de veces. Autovaloración: del 1 al 5.
Habilidad 2	Comportamiento 2		
Habilidad 3	Comportamiento 3		

Identificación de obstáculos y recursos

Es importante acompañar a nuestro cliente a que se anticipe a posibles obstáculos y que reflexione también con qué recursos cuenta para sortearlos.

Posibles obstáculos	Recursos necesarios
Ej.: Exceso de trabajo, falta de hábito, falta de conciencia.	Ej.: Pedir *feedback*, realizar formación, ver tutorial.

¿Cómo usar esta herramienta?

1) Es importante que el cliente asuma el compromiso de realizar un primer borrador de su plan de acción.

2) En la siguiente sesión, el cliente nos mostrará sus avances y le ofreceremos nuestro *feedback*, asumiendo la responsabilidad de codiseñar y asegurándonos de que el plan sea **SMART**.

3) Sugerimos seleccionar un máximo de cinco habilidades (no competencias) y un máximo de cinco KPI para que la medición del progreso sea una tarea asumible.

Ejercicios de reflexión para el lector ———————

Una de las primeras acciones que generamos al comenzar a escribir este capítulo fue hacernos preguntas que provocaran nuestra reflexión. Inmersos en la profundidad y riqueza que nos generan nuestros propios interrogantes, vimos el potencial que significaba poder compartirlos con nuestros colegas.

Juntos logramos desafiarnos y ver en qué medida podíamos contribuir a la reflexión y el desarrollo de quienes ejercemos esta profesión.

Queremos invitar a los lectores a que exploren dentro de sí mismos y vayan respondiendo las siguientes preguntas, a fin de provocar una conciencia reflexiva sobre nuestro *ser* y *hacer* profesional.

Vale aclarar que no existen respuestas "correctas" o "incorrectas", ni un "debiera pasar tal o cual cosa". Aprender a aprender siempre será una evocación de nuestro propio crecimiento.

¿Qué nos hemos preguntado para provocar el espacio de conciencia sobre esta competencia?

➢ ¿Qué necesitas, como coach, para llevar a tus clientes a la acción?

➢ ¿Qué se pone en juego, para ti, cuando tu cliente alcanza o no alcanza sus resultados?

➢ ¿Cómo te sientes cuando tus clientes no cumplen con sus compromisos?

➢ ¿Qué parte de tu identidad profesional se pone en juego a la hora de evaluar los resultados de tus clientes?

➢ Si pudieras hacer un listado de casos de éxito, ¿cuáles anotarías y por qué?

➢ Si pudieras escribir casos en los que no te has sentido satisfecho con los resultados de tus clientes o con tu *performance* como coach, ¿qué harías diferente esta vez?

➢ ¿Qué herramienta de medición querrías aprender? ¿Para qué?

➢ ¿Qué nivel de madurez emocional observas en tu desempeño como coach?

➢ ¿Qué acciones estás realizando para crecer y desarrollar tu formación como coach profesional?

➢ ¿Qué tan consciente eres del impacto sistémico que generas?

Conclusiones

Transitar por esta competencia nos ofrece la mirada enfocada en el avance, el progreso y el crecimiento de los clientes y de sus sistemas. Para lograr la efectividad como coaches, es necesario conocer, integrar y articular cada una de las ocho competencias, y traerlas equilibradamente al espacio de las sesiones, de tal manera que el cliente avance ecológicamente hacia sus objetivos.

La voracidad tecnológica requiere de nosotros conciencia reflexiva, ya que puede poner en jaque la confianza en nuestro *ser* y *hacer*. Precisamos estar atentos a quiénes queremos ser, cuánto estamos dispuestos a aprender, qué queremos incorporar y cómo todo eso afecta nuestra calidad de vida, la de nuestros semejantes y el ejercicio de nuestra profesión.

Somos conscientes de que el progreso requiere conciencia ética y congruencia con nuestros valores. Dejar huella en cada uno de nuestros encuentros a fin de que aprendamos juntos a mirar cuál ha sido nuestro camino y qué hemos sembrado en él es parte de lo que elegimos hacer.

Quienes tenemos la dicha de ser colegas y nos hemos reunido para ofrecerte este capítulo, queremos contagiarte el entusiasmo que implica el amor por la profesión, por nuestros clientes y por la sociedad en la que esperamos se vean reflejados los frutos de tu trabajo, del nuestro y de las futuras generaciones de coaches por venir. ¡Que así sea!

Bibliografía

Goldvarg, D., Perel de Goldvarg, N.: *Competencias de Coaching Aplicadas.* Granica, Buenos Aires, 2012.

Hawkins, P.; Turner, E.: *Systemic Coaching: Delivering Value Beyond the Individual.* Routledge, London-New York, 2020.

Lombardo, M.; Eichinger, R.: ***FYI; For your Improvement Korn.*** Ferry International, Lominger, 2009.

Mc Lean, P.: *Self as Coach Self as Leader: Developing the Best in You to Develop the Best in Others.* Ed. Wiley & Sons, New Jersey, 2019.

Acerca de los autores

Lida Esperanza Garzón
Es Ingeniera Industrial, Master certified coach por ICF, coach profesional empresarial y de vida por CFW (Coaching for Wellness USA).

Es especialista en herramientas de medición DISC por AmericanCol y certificada en Emotional Intelligence Assessment por GENOS International. Se dedica a la formación de coaches en español. Tiene más de 15 años de experiencia en corporaciones y empresas latinoamericanas como Consultor, Coach Ejecutivo y Coach de Equipos. Co-creadora del Primer Programa de formación en Coaching online (2015) para CFW. Es coautora *Today's Inspired Latina* (Vol. II, 2016) y speaker para *Latina Talks by Today's Inspired Latina*.
esperanza@lidahopecoaching.com

Claudia Lalloz
Licenciada en Letras por la Universidad Católica Argentina y master certified coach (MCC) con más de 20 años de experiencia. Tiene maestría en acompañar a líderes, ejecutivos, empresarios y emprendedores a desarrollar sus habilidades comunicacionales y emocionales a fin de potenciar sus resultados. Especialista en Lingüística Pragmática, aporta al Coaching y a los equipos de trabajo la precisión del discurso y su impacto en los resultados. Formada también como Coach de Equipos, Coach Ontocorporal y especializada en Inteligencia Emocional. Desde 2002, es CEO del Grupo Santalá (www.gruposantala.com), del que fue fundadora. Directora del programa de Formación en Coaching Ontológico Personal y Organizacional, acreditado como ACTP por la ICF, y del Programa de Especialización en Coaching Organizacional y Metodologías Ágiles, acreditado como ACSTH por la ICF, con presencia en Latinoamérica y España. Miembro fundadora y expresidenta del Capítulo Argentino de la ICF.
claudialalloz@gruposantala.com

Jimena Sainz
Primera boliviana en lograr la credencial como master certified coach, MCC de la ICF. Mentor coach de ICF. Especialista en Gestión del Talento Humano, con más de 20 años de experiencia con C-Levels, Directores, Alta Gerencia, Líderes y Gestores de Transformación en empresas nacionales e internacionales. Es coach ejecutivo, organizacional, de equipos y comercial. Conferencista y tallerista nacional e internacional con más de 45.000 horas en procesos de formación en Liderazgo, Competencias Comunicacionales, Desarrollo de Equipos de Alto Rendimiento, Equipos Comerciales y de Ventas, Gestión de Conflictos y Negociación. Socia y directora ejecutiva de BUENASPRACTICAS SRL (www.bpi.com.bo). Miembro fundadora del Capítulo ICF Bolivia. Presidenta ICF Bolivia entre 2018 y 2021. Tiene maestrías en Psicología y

Dirección del Factor Humano; Psicología Organizacional y Recursos Humanos; Coaching y Antropología Organizacional. Certificaciones Profesionales en Agile Fundamentals; Agility in Human Resources; Agile Team Facilitation; Agile Coaching y Adaptive Org Design. **jimena.sainz@bpi.com.bo**

Jorge Salinas
Padre, coach, piloto, escritor y explorador del comportamiento humano. Reconocido como uno de los 10 mejores coaches españoles según la prestigiosa lista Top Ten Management España. Coach sistémico de equipos y certificado en MBTI, PNL y Neurocoaching. Cuenta con más de 4.500 horas de Coaching ejecutivo realizadas con la mayor parte de las 200 primeras empresas españolas. Químico. Trabajó en la industria farmacéutica y ha dirigido tres multinacionales de Recursos Humanos. Escritor de novela negra y libros de ensayo. En la actualidad es presidente de Atesora Group (www.atesoragroup.com), firma profesional especializada en desarrollo de Capital Humano, Coaching y Mentoring. **jsalinas@atesoragroup.com**

Susie Warman
Master certified coach por el International Coaching Federation. En adición es coach supervisora por EMCC-ESIA y coach mentora. Tiene amplia experiencia como coach ejecutiva y organizacional. Es fundadora y directora de Blue Wing Coaching® - firma Consultora en Desarrollo de Liderazgo, Coaching Ejecutivo y Desarrollo de Equipos de Alto Desempeño, basada en México y en Miami. Susie estudió Sociología y tiene maestrías en Historia y en Coaching. Es PhD Candidate en Historia en la Universidad de Minnesota. Adicionalmente es socia co-fundadora de Coaching con Visión®, empresa que forma a personas con discapacidad visual como coaches, integrándolos al mundo laboral. **susie.warman@bluewingcoaching.com**

Reflexiones finales

Componer este libro ha sido para todos y para cada uno de los integrantes de nuestro inmenso equipo de master coaches una aventura inolvidable. El trabajo en conjunto nos ha demostrado que la colaboración produce frutos abundantes, que van mucho más allá de los que se consiguen cuando no se cuenta con tantas voces expertas, con tantas manos amigas puestas al servicio de un objetivo común.

Sentimos que los veintiocho profesionales hemos encarnado la mentalidad del coach, que se caracteriza por tener una actitud siempre abierta, curiosa, flexible y centrada en lo que pensamos que puede abarcar el interés de nuestros lectores.

Esperamos que este libro no se quede en un ejercicio intelectual de pura lectura, sino que se traduzca en una práctica viva, que te permita seguir profesionalizándote y creando excelencia en tu práctica del Coaching.

Hemos incluido las direcciones de correo electrónico de cada uno de los autores para que puedas contactar a quienes te parezca que pueden acrecentar tu caudal de conocimientos sobre cada tema en particular.

Al llegar a este punto del trabajo, creemos haber cumplido con nuestro propósito principal, que es contribuir a la creación de una comunidad profesional que valorice el aprendizaje cotidiano, tanto académico como práctico.

Nuestro mayor deseo es que los conocimientos y los ejercicios que compartimos se reflejen en un futuro próspero para cada lector.

Damián, Ana y Norma

Apéndices

Modelo de Competencias Clave ICF actualizado

Octubre 2019

La International Coaching Federation ha anunciado, tras un riguroso análisis de práctica de Coaching de 24 meses, un modelo de Competencia Central de Coaching ICF actualizado. Este modelo de competencia se basa en evidencia recopilada entre más de 1.300 coaches de al rededor del mundo, los cuales representan un diverso rango de disciplinas de Coaching, antecedentes de capacitación, estilos de Coaching, experiencia y niveles de acreditación, al igual que miembros y no miembros de la ICF. Esta iniciativa de estudio a gran escala validó gran parte del Modelo de Competencias Clave ICF existente, desarrollado hace casi 25 años, y que sigue siendo importante para la práctica del Coaching hoy. Algunos elementos y temas nuevos que emergieron de los datos también han sido integrados en el modelo. Esto incluye un énfasis fundamental en la conducta ética y en la confidencialidad, en la importancia de una mentalidad de Coaching y un ejercicio continuo de reflexión, las distinciones críticas entre diversos niveles de acuerdos de Coaching, la criticalidad de la colaboración entre coach y cliente, y la importancia de la sensibilidad cultural, sistémica y contextual. Estos componentes de base, combinados con los temas emergentes, reflejan los elementos claves de la práctica de Coaching actual y servirán como estándares más sólidos y completos a futuro.

A. Cimientos

1. Demuestra Práctica Ética

Definición: Entiende y aplica constantemente la ética de Coaching y los estándares de Coaching.

1. Demuestra integridad personal y honestidad en interacciones con clientes, patrocinadores y las partes interesadas relevantes.
2. Mantiene sensatez ante la identidad, el ambiente, las experiencias, los valores y las creencias de los clientes.
3. Utiliza lenguaje adecuado y respetuoso con clientes, patrocinadores y las partes interesadas relevantes.
4. Acata el Código de Ética de la ICF y respalda los Valores Claves.
5. Mantiene la confidencialidad con la información de cada cliente según los acuerdos con las partes interesadas y las leyes pertinentes.
6. Respalda las distinciones entre Coaching, consultoría, psicoterapia y otras profesiones de apoyo.
7. Remite clientes a otros profesionales de apoyo, según corresponda.

2. Encarna una mentalidad de Coaching

Definición: Desarrolla y mantiene una mentalidad abierta, curiosa, flexible y centrada en cada cliente.

1. Reconoce que los clientes son responsables de sus propias elecciones.
2. Participa en el aprendizaje y en el desarrollo continuo como coach.
3. Elabora un ejercicio continuo de reflexión para mejorar su propio Coaching.
4. Permanece consciente de y abierto a la influencia en sí y en otros del contexto y de la cultura.

5. Usa la conciencia de sí y la propia intuición en beneficio de clientes.

6. Desarrolla y mantiene la capacidad de regular las propias emociones.

7. Se prepara para las sesiones mental y emocionalmente.

8. Busca ayuda en fuentes externas cuando es necesario.

B. Co-crear la relación

3. Establece y mantiene acuerdos

Definición: Colabora con cada cliente y con las partes interesadas pertinentes para crear acuerdos claros sobre la relación, el proceso, los planes y las metas de Coaching. Establece acuerdos para el compromiso de Coaching general, así como aquellos para cada sesión de Coaching.

1. Explica qué es y qué no es el Coaching y describe el proceso al cliente y a las partes interesadas pertinentes.

2. Logra un acuerdo sobre qué es y qué no es adecuado en la relación, qué se está y no se está ofreciendo, y las responsabilidades de cada cliente y de las partes interesadas pertinentes.

3. Logra un acuerdo sobre las directrices y parámetros específicos de la relación de Coaching, tales como logística, tarifas, programación, duración, término, confidencialidad e inclusión de otros.

4. Colabora con cada cliente y con las partes interesadas pertinentes para establecer un plan y metas generales de Coaching.

5. Colabora con cada cliente para determinar la compatibilidad cliente-coach.

6. Colabora con cada cliente para identificar o reconfirmar lo que quieren lograr en la sesión.

7. Colabora con cada cliente para definir qué creen que necesitan abordar o resolver para lograr lo que quieren conseguir en la sesión.

8. Colabora con cada cliente en definir o reconfirmar medidas del éxito para lo que desean conseguir con el compromiso de Coaching o en la sesión individual.

9. Colabora con cada cliente para manejar el tiempo y el enfoque de la sesión.

10. Continúa haciendo Coaching en la dirección de los resultados deseados por cada cliente a menos que indiquen lo contrario.

11. Colabora con cada cliente para terminar la relación de Coaching de manera que se honren las experiencias.

4. Cultiva confianza y seguridad

Definición: Colabora con cada cliente para crear un ambiente que le dé apoyo y seguridad y que le permita compartir libremente. Mantiene una relación de respeto y confianza mutuos.

1. Busca entender a cada cliente dentro de su contexto, lo que puede incluir su identidad, su ambiente, sus experiencias, sus valores y sus creencias.

2. Demuestra respeto por la identidad de cada cliente, sus percepciones, estilo y lenguaje, y adapta su Coaching a cada cliente.

3. Reconoce y respeta los talentos, los entendimientos y el trabajo únicos de cada cliente en el proceso de Coaching.

4. Demuestra apoyo, empatía y preocupación por cada cliente.

5. Reconoce y apoya la expresión de sentimientos, percepciones, preocupaciones, creencias y sugerencias de cada cliente.

6. Demuestra apertura y transparencia como una manera de presentarse con vulnerabilidad y forjar una relación de confianza con cada cliente.

5. Mantiene presencia

Definición: Es plenamente consciente y está presente con cada cliente, empleando un estilo abierto, flexible, bien fundado y seguro.

1. Se mantiene enfocado, atento, empático y receptivo con cada cliente.
2. Demuestra curiosidad durante el proceso de Coaching.
3. Maneja las propias emociones para estar presente con cada cliente.
4. Demuestra confianza en trabajar con emociones fuertes de cada cliente durante el proceso de Coaching.
5. Se siente cómodo trabajando en un espacio de no saber.
6. Crea o deja espacio para el silencio, la pausa o la reflexión.

C. Comunicar con efectividad

6. Escucha activamente

Definición: Se enfoca en lo que cada cliente está y no está diciendo para comprender plenamente lo que se está comunicando en el contexto de los sistemas de cada cliente y para apoyar la autoexpresión de cada cliente.

1. Considera el contexto, la identidad, el ambiente, las experiencias, los valores y las creencias de cada cliente para potenciar el entendimiento de lo que cada cliente está comunicando.
2. Refleja o resume lo que cada cliente comunicó para garantizar claridad y comprensión.

3. Reconoce y pregunta cuando hay más de lo que cada cliente está comunicando.

4. Nota, reconoce y explora las emociones de cada cliente, los cambios de energía, las señales no verbales u otros comportamientos.

5. Integra las palabras, el tono de voz y el lenguaje corporal de cada cliente para determinar el significado completo de lo que está siendo comunicado.

6. Nota tendencias en comportamientos y emociones de cada cliente a lo largo de las sesiones para discernir temas y patrones.

7. Provoca conciencia

Definición: Facilita el entendimiento y el aprendizaje de cada cliente mediante el uso de herramientas y técnicas como preguntas poderosas, silencio, metáforas o analogías.

1. Considera la experiencia de cada cliente al momento de decidir qué podría ser más útil.

2. Desafía al cliente como una forma de provocar conciencia o entendimientos.

3. Hace preguntas sobre cada cliente, como sobre su forma de pensar, valores, necesidades, deseos y creencias.

4. Hace preguntas que ayudan a cada cliente a explorar más allá del pensamiento actual.

5. Invita a cada cliente a compartir más acerca de su experiencia en el momento.

6. Nota lo que está funcionando para potenciar el progreso de cada cliente.

7. Ajusta el planteamiento de Coaching en respuesta a las necesidades de cada cliente.

8. Ayuda a cada cliente a identificar factores que influyen en patrones actuales y futuros de comportamiento, pensamiento o emoción.

9. Invita cada cliente a generar ideas sobre cómo pue-

den avanzar y lo que están dispuestos o son capaces de hacer.

10. Apoya a cada cliente para reencuadrar perspectivas.

11. Comparte observaciones, entendimientos y sentimientos, sin apegos, que tienen el potencial de crear un nuevo aprendizaje para cada cliente.

D. Cultivar aprendizaje y crecimiento

8. Facilita el crecimiento de cada cliente

Definición: Colabora con cada cliente para transformar aprendizaje y entendimiento en acción. Promueve la autonomía de cada cliente en el proceso de Coaching.

1. Trabaja con cada cliente para integrar nueva conciencia, entendimiento o aprendizaje en su visión del mundo y sus comportamientos.

2. Colabora con cada cliente para diseñar metas, acciones y medidas de responsabilidad que integren y expandan nuevos aprendizajes.

3. Reconoce y apoya la autonomía de cada cliente en el diseño de metas, acciones y métodos de responsabilidad.

4. Apoya a cada cliente en la identificación de resultados o aprendizaje potenciales a partir de los pasos de acción identificados.

5. Invita a cada cliente a considerar cómo avanzar, incluidos recursos, apoyo y potenciales barreras.

6. Colabora con cada cliente para resumir aprendizaje y entendimiento dentro o entre sesiones.

7. Celebra el progreso y los éxitos de cada cliente.

8. Colabora con cada cliente para cerrar la sesión.

© 2020 International Coaching Federation

Indicadores de Coaching a nivel PCC de la ICF
Revisado en septiembre de 2020

Indicadores de PCC
Revisado en septiembre de 2020

Los indicadores de evaluación son la guía sobre la que un evaluador es formado para que, a través de la escucha, sepa determinar qué Competencias Clave de ICF y en qué medida quedan demostradas en una conversación de Coaching grabada. Los siguientes indicadores son los comportamientos que deben ser demostrados en una conversación de Coaching en el nivel de Coach Profesional Certificado (PCC). Estos indicadores dan soporte a un proceso de evaluación del desempeño justo, consistente, válido, confiable, repetible y defendible.

Los indicadores de PCC también pueden apoyar a cada coach, formador y mentor de coaches en la identificación de áreas para el crecimiento y el desarrollo de habilidades en el Coaching a nivel de PCC; sin embargo, siempre deben usarse en el contexto del desarrollo de competencias claves. Es importante tener en cuenta que estos indicadores no son una herramienta para la formación como PCC, y no deben ser utilizados como una lista de control o una fórmula para pasar la evaluación del desempeño como Coach.

Competencia 1: Demuestra Práctica Ética

Se requiere familiaridad con el Código de Ética de la ICF y su aplicación para todos los niveles de Coaching. Postulantes que aprueben el nivel PCC demostrarán un Coaching que se alinee con el Código de Ética de la ICF y se mantendrán consistentemente en el rol de coach.

Competencia 2: Encarna una Mentalidad de Coaching

Encarnar una mentalidad de Coaching –una mentalidad abierta, curiosa, flexible y centrada en cada cliente– es un proceso que requiere aprendizaje y desarrollo continuos, mantener una práctica reflexiva y preparación para las sesiones. Estos elementos tienen lugar en el transcurso del desarrollo profesional de un coach y no pueden ser captados por completo en un solo momento en el tiempo. Sin embargo, ciertos elementos de esta competencia pueden demostrarse en una conversación de Coaching. Estos comportamientos particulares se articulan y evalúan a través de los siguientes indicadores PCC: 4.1, 4.3, 4.4, 5.1, 5.2, 5.3, 6.1, 6.5, 7.1 y 7.5. Al igual que en otras áreas de las Competencias, será necesario demostrar un número mínimo de estos indicadores para aprobar la evaluación de desempeño a nivel PCC. Todos los elementos de esta Competencia también serán evaluados en el examen escrito para las Credenciales de ICF (CKA).

Competencia 3: Establece y Mantiene Acuerdos

3.1: Coach colabora con cada cliente para identificar o reconfirmar lo que cada cliente quiere lograr en esta sesión.

3.2: Coach colabora con cada cliente para definir o reconfirmar las medidas de éxito de lo que cada cliente quiere lograr en esta sesión.

3.3: Coach indaga o explora lo que es importante o significativo para cada cliente sobre lo que quiere lograr en esta sesión.

3.4: Coach colabora con cada cliente para definir lo que cree que necesita abordar para lograr lo que quiere conseguir en esta sesión.

Competencia 4: Cultiva Confianza y Seguridad

4.1: Coach reconoce y respeta los talentos, los descubrimientos y el trabajo únicos de cada cliente en el proceso de Coaching.

4.2: Coach muestra apoyo, empatía o preocupación por cada cliente.

4.3: Coach reconoce y apoya la expresión de sentimientos, percepciones, preocupaciones, creencias o sugerencias de cada cliente.

4.4: Coach colabora con cada cliente invitándole a responder de cualquier manera a sus contribuciones y acepta su respuesta.

Competencia 5: Mantiene Presencia

5.1: Coach actúa en respuesta a toda la persona de cada cliente (el quién).

5.2: Coach actúa en respuesta a lo que cada cliente quiere lograr en esta sesión (el qué).

5.3: Coach colabora con cada cliente apoyando a cada cliente a elegir lo que ocurre en la sesión.

5.4: Coach demuestra curiosidad por aprender más sobre cada cliente.

5.5: Coach crea o deja espacio para el silencio, la pausa o la reflexión.

Competencia 6: Escucha activamente

6.1: Coach personaliza preguntas y observaciones utilizando lo que aprendió sobre quién es cada cliente o su situación.

6.2: Coach indaga o explora las palabras que usa cada cliente.

6.3: Coach indaga o explora las emociones de cada cliente.

6.4: Coach explora los cambios de energía de cada cliente, las señales no verbales u otros comportamientos.

6.5: Coach indaga o explora cómo cada cliente se percibe actualmente a sí mismo o a su mundo.

6.6: Coach permite a cada cliente terminar de hablar sin interrumpir, a menos que haya un propósito de Coaching establecido para hacerlo.

6.7: Coach refleja o resume brevemente lo que cada cliente comunicó para garantizar su claridad y comprensión.

Competencia 7: Evoca conciencia

7.1: Coach hace preguntas sobre cada cliente, como su forma de pensar, sentir, valores, necesidades, deseos, creencias o comportamientos.

7.2: Coach hace preguntas que ayudan a cada cliente a explorar más allá del pensamiento o sentimiento actual hacia formas nuevas o ampliadas de pensar o sentir acerca de sí mismo/a (el quién).

7.3: Coach hace preguntas que ayudan a cada cliente a explorar más allá del pensamiento o sentimiento actual hacia formas nuevas o ampliadas de pensar o sentir acerca de su situación (el qué).

7.4: Coach hace preguntas que ayudan a cada cliente

a explorar más allá del pensamiento, sentimiento o comportamiento actuales hacia el resultado que desea.

7.5: Coach comparte, sin apego, observaciones, intuiciones, comentarios, pensamientos o sentimientos, e invita a cada cliente a explorar en forma verbal o tonal.

7.6: Coach hace preguntas claras, directas, principalmente abiertas, una a la vez, a un ritmo que le permita a cada cliente pensar, sentir o reflexionar.

7.7: Coach utiliza un lenguaje que generalmente es claro y conciso.

7.8: Coach permite a cada cliente hablar la mayor parte de la sesión.

Competencia 8: Facilita el crecimiento de cada cliente

8.1: Coach invita o permite que cada cliente explore el progreso hacia lo que quería lograr en esta sesión.

8.2: Coach invita a cada cliente a expresar o explorar su aprendizaje en esta sesión sobre sí mismo/a (el quién).

8.3: Coach invita a cada cliente a expresar o explorar su aprendizaje en esta sesión sobre su situación (el qué).

8.4: Coach invita a cada cliente a considerar cómo utilizará el nuevo aprendizaje de esta sesión.

8.5: Coach colabora con cada cliente para diseñar pensamientos, reflexiones o acciones posteriores a la sesión.

8.6: Coach colabora con cada cliente para considerar cómo avanzar, incluidos los recursos, apoyo y potenciales barreras.

8.7: Coach colabora con cada cliente para diseñar los mejores métodos de responsabilidad para él/ella mismo/a.

8.8: Coach celebra el progreso y el aprendizaje de cada cliente.

8.9: Coach colabora con cada cliente sobre cómo cada cliente desea completar esta sesión.

Código de Ética de ICF

1. Introducción

El Código de Ética de ICF describe los valores fundamentales de la International Coaching Federation (Valores Fundamentales de ICF) y los principios y estándares éticos de comportamiento para todos los Profesionales de ICF (ver definiciones). Cumplir con estos estándares éticos de comportamiento de ICF es la primera de las competencias básicas de Coaching de ICF (Competencias Básicas ICF). Esto significa la importancia de comprender la ética y estándares del Coaching y aplicarlos apropiadamente a todo el Coaching y situaciones relacionadas al Coaching".

El Código de Ética de ICF sirve para mantener la integridad de ICF y a la profesión de Coaching global al:

Establecer estándares de conducta consistentes con los valores fundamentales y principios éticos de ICF.

- Guiar la reflexión, educación y toma de decisiones éticas.
- Adjudicar y preservar los estándares del coach de ICF a través del proceso de Revisión de Conducta Ética (ECR) de ICF.
- Proporcionar la base para la capacitación de ética de ICF en los programas acreditados por ICF.

El Código de Ética de ICF se aplica cuando los profesionales de ICF se representan a sí mismos como tales, en cualquier tipo de interacción relacionada con el Coaching. Esto es independiente de si se ha establecido una relación de Coaching (ver definiciones). Este Código articula las obligaciones éticas de los profesionales de ICF que actúan en sus diferentes roles como coaches, supervisor de coach, mentor, entrenador o estudiante coach en entrenamiento, o que desempeñan un papel de liderazgo en ICF, incluyendo al personal de apoyo (ver definiciones).

Aunque el Proceso de Revisión de Conducta Ética (ECR) solo aplica para los profesionales ICF, según se establece en la Promesa, el *"Staff de ICF"* también está comprometido con la conducta y los Valores Fundamentales y Principios Éticos que apuntalan este Código de Ética de ICF.

El desafío de trabajar éticamente significa que los miembros inevitablemente se encontrarán con situaciones que requieren respuestas a problemas inesperados, resolución de dilemas y soluciones a problemas. Este Código de Ética tiene la intención de ayudar a las personas sujetas al Código al orientarlos a la variedad de factores éticos que pueden necesitar ser tomados en consideración y ayudar a identificar formas alternativas de abordar el comportamiento ético.

Los Profesionales de ICF que aceptan el Código de Ética se comprometen por ser éticos, incluso cuando hacerlo involucre tomar decisiones difíciles o actuar valientemente.

2. Definiciones clave

- **"Cliente"**. La persona o equipo/grupo que está recibiendo el Coaching, el coach que está recibiendo mentoría o está siendo supervisado o el coach o coach estudiante que está siendo capacitado.
- **"Coaching"**. Asociarse con los clientes en un proceso creativo y estimulante que los inspira a maximizar su potencial personal y profesional.

- **"Relación de Coaching"**. Una relación establecida por el profesional de ICF y el/los cliente(s)/ patrocinador(es) en virtud de un acuerdo o contrato que define las responsabilidades y expectativas de cada parte.
- **"Código"**. El Código de Ética de ICF.
- **"Confidencialidad"**. Protección de cualquier información obtenida en torno al compromiso de Coaching a menos de que se otorgue consentimiento o una liberación.
- **"Conflicto de Interés"**. Una situación en la que un profesional de ICF está involucrado en múltiples intereses donde servir a un interés podría ir en contra o estar en conflicto con otro. Esto puede ser financiero, personal o de otro tipo.
- **"Igualdad"**. Una situación en la que todas las personas experimentan inclusión, acceso a recursos y oportunidades, independientemente de su raza, origen étnico, nacionalidad, color, género, orientación sexual, identidad de género, edad, religión, estado migratorio, discapacidad mental o física y otras áreas de diferencia humana.
- **"Profesional ICF"**. Personas que se representan a sí mismas como miembros de ICF o titulares de credenciales de ICF, en roles que incluyen, entre otros, coach, supervisor de coach, mentor, coach entrenador y estudiante de Coaching.
- *"Staff de ICF"*. El personal de apoyo de ICF contratado por la compañía administradora que proporciona una gestión profesional y servicios administrativos en nombre de ICF.
- **"Coach Interno"**. Una persona empleada dentro de una organización y que da Coaching a tiempo completo o parcial a los empleados de esa organización.
- **"Patrocinador"**. La entidad (incluidos sus represen-

tantes) que paga y/o hace arreglos o define los servicios de Coaching a ser proporcionados.
- **"Personal de Apoyo"**. Las personas que trabajan para los Profesionales ICF en apoyo de sus clientes.
- **"Igualdad Sistémica"**. Igualdad de género, igualdad de raza y otras formas de igualdad que están institucionalizadas en la ética, valores fundamentales, políticas, estructuras y culturas de comunidades, organizaciones, naciones y sociedad.

3. Valores fundamentales y principios éticos de ICF

El Código de Ética de ICF se basa en los Valores Fundamentales de ICF (enlace) y las acciones que se derivan de ellos. Todos los valores son igualmente importantes y se apoyan mutuamente. Estos valores son aspiracionales y deben usarse como una forma de comprender e interpretar los estándares. Se espera que todos los profesionales de ICF muestren y propaguen estos valores en todas sus interacciones.

4. Estándares éticos

Los siguientes estándares éticos se aplican a las actividades profesionales de los Profesionales de ICF:

Sección I – Responsabilidad con los clientes

Como Profesional de ICF, yo:
1. Explicaré y me aseguraré de que, antes o en la reunión inicial, mis Clientes y Patrocinadores entiendan la naturaleza y el valor potencial del Coaching, la naturaleza y los límites de la confidencialidad, los acuerdos financieros y cualquier otro término del acuerdo de Coaching.

2. Crearé un acuerdo/contrato con respecto a los roles, responsabilidades y derechos de todas las partes involucradas con mi(s) Cliente(s) y Patrocinador(es) antes del inicio de los servicios.

3. Mantendré los niveles más estrictos de confidencialidad con todas las partes según lo acordado. Conozco y acepto cumplir con todas las leyes aplicables que se refieren a datos personales y comunicaciones.

4. Comprenderé claramente cómo se intercambia la información entre todas las partes involucradas durante todas las interacciones de Coaching.

5. Tendré una comprensión clara tanto con los Clientes como con los Patrocinadores o las partes interesadas sobre las condiciones bajo las cuales la información no se mantendrá confidencial (por ejemplo, actividad ilegal, si así lo exige la ley, de conformidad con una orden judicial o citación válida; riesgo inminente o probable de peligro a sí mismo o a los demás, etc.). Cuando crea razonablemente que una de las circunstancias anteriores es aplicable, es posible que deba informar a las autoridades correspondientes.

6. Cuando trabaje como Coach interno, administraré los conflictos de interés o potenciales conflictos de interés con mis Clientes y Patrocinadores a través de acuerdos de Coaching y diálogo continuo. Esto debería incluir abordar los roles, responsabilidades, relaciones, registros, confidencialidad y otros reportes requeridos por la organización.

7. Mantendré, almacenaré y eliminaré cualquier registro, incluidos archivos electrónicos y comunicaciones, creado durante mis interacciones profesionales de una manera que promueva la confidencialidad, seguridad y privacidad y cumpla con

las leyes y acuerdos aplicables. Además, busco hacer un uso adecuado de los desarrollos tecnológicos emergentes y crecientes que se utilizan en los servicios de Coaching (servicios de Coaching asistidos por tecnología) y ser consciente de cómo se les aplican diversas normas éticas.

8. Me mantendré alerta a las indicaciones de que puede haber un cambio en el valor recibido de la relación de Coaching. De ser así, haré un cambio en la relación o animaré a los Clientes/Patrocinadores a buscar a otro coach, buscar a otro profesional o a usar un recurso diferente.

9. Respetaré el derecho de todas las partes a dar por terminada la relación de Coaching en cualquier momento y por cualquier razón durante el proceso de Coaching, sujeto a las disposiciones del acuerdo.

10. Seré sensible a las implicaciones de tener varios contratos y relaciones con el mismo Cliente y Patrocinador al mismo tiempo para evitar situaciones de conflicto de interés.

11. Seré consciente de y manejaré activamente cualquier poder o diferencia de estatus entre el Cliente y yo que pueda ser causada por asuntos culturales, relacionales, psicológicos o contextuales.

12. Divulgaré a mis clientes el posible recibo de compensación y otros beneficios que pueda recibir por referir a mis Clientes a terceros.

13. Garantizaré una calidad consistente del Coaching sin importar la cantidad o forma de compensación acordada en cualquier relación.

Sección II – Responsabilidad en la práctica y en el desempeño
Como Profesional de ICF, yo:

14. Me adheriré al Código de Ética de ICF en todas mis interacciones. Cuando me dé cuenta de una

posible violación del Código por mí mismo o reconozca un comportamiento poco ético en otro profesional de ICF, plantearé el asunto respetuosamente con los involucrados. Si esto no resuelve el asunto, lo remitiré a una autoridad formal (por ejemplo, ICF Global) para su resolución.

15. Requeriré que todo el personal de apoyo se adhiera al Código de ética de ICF.

16. Me comprometeré con la excelencia a través del desarrollo continuo personal, profesional y ético.

17. Reconoceré mis limitaciones personales o circunstancias que pueden perjudicar, entrar en conflicto o interferir con mi desempeño como coach o mis relaciones profesionales de Coaching. Buscaré apoyo para determinar la acción a tomar y, si es necesario, buscaré rápidamente orientación profesional relevante. Esto puede incluir suspender o finalizar mis relaciones de Coaching.

18. Resolveré cualquier conflicto de interés o posible conflicto de interés trabajando en el problema con las partes relevantes, buscando asistencia profesional o suspendiendo temporalmente o terminando la relación profesional.

19. Mantendré la privacidad de los Miembros de ICF y usaré la información de contacto de los Miembros de ICF (correos electrónicos, números de teléfono y etcétera) solo de acuerdo con lo autorizado por ICF o el Miembro de ICF.

Sección III – Responsabilidad con el profesionalismo

Como Profesional de ICF, yo:

20. Identificaré con precisión mis calificaciones de Coaching, mi nivel de competencia de Coaching, experiencia, capacitación, certificaciones y credenciales de ICF.

21. Haré declaraciones verbales y escritas que sean verdaderas y precisas sobre lo que ofrezco como profesional de ICF, lo que ofrece ICF, la profesión de Coaching y el valor potencial del Coaching.
22. Comunicaré y crearé conciencia con aquellos que necesitan estar informados sobre las responsabilidades éticas establecidas por este Código.
23. Asumiré la responsabilidad de conocer y establecer límites claros, apropiados y culturalmente sensibles que rijan las interacciones, físicas o de otro tipo.
24. No participaré en ningún compromiso sexual o romántico con el Cliente(s) o Patrocinador(es). Siempre tendré en cuenta el nivel de intimidad apropiado para la relación. Tomaré las medidas apropiadas para abordar el problema o cancelar el compromiso.

Sección IV – Responsabilidad con la Sociedad

Como Profesional de ICF, yo:

25. Evitaré la discriminación manteniendo la equidad y la igualdad en todas las actividades y operaciones, respetando las normas locales y las prácticas culturales. Esto incluye, entre otros, la discriminación por edad, raza, expresión de género, origen étnico, orientación sexual, religión, origen nacional, discapacidad o estado militar.
26. Reconoceré y honraré las contribuciones y la propiedad intelectual de otros, solo reclamando la propiedad de mi propio material. Entiendo que el incumplimiento de esta norma puede someterme a un recurso legal por parte de un tercero.
27. Seré honesto y trabajaré dentro de los estándares científicos reconocidos, las pautas temáticas aplicables y los límites de mi competencia al realizar e informar investigaciones.

28. Seré consciente de mi impacto y el de mi cliente en la sociedad. Me adheriré a la filosofía de "hacer el bien" versus "evitar el mal".

5. La promesa de ética del profesional de ICF

Como profesional de ICF, de acuerdo con los Estándares del Código de Ética de ICF, reconozco y acepto cumplir con mis obligaciones éticas y legales con mis Clientes, Patrocinadores, colegas de Coaching y con el público en general.

Si incumplo alguna parte del Código de Ética de ICF, acepto que ICF, a su exclusivo criterio, puede hacerme responsable por esto. Además, acepto que mi responsabilidad ante ICF por cualquier incumplimiento puede incluir sanciones, tales como capacitación adicional obligatoria en Coaching, otra educación o pérdida de mi Membresía en ICF y/o mis Credenciales de ICF.

Adoptado por la Junta Directiva de ICF Global en septiembre de 2019

© 2020 International Coaching Federation

Sobre el autor y las autoras

Damián Goldvarg es licenciado en Psicología por la Universidad de Buenos Aires, y obtuvo su doctorado y su master en Psicología Organizacional en la Universidad Alliant, California. Es master coach certificado (MCC), supervisor certificado (ESIA), expresidente global de la Federación Internacional de Coaching (ICF), y tiene treinta años de experiencia trabajando en más de cincuenta países como coach de ejecutivos y entrenador en programas de liderazgo. Recibió el Círculo de Distinción 2018 de la ICF, por su contribución global a la profesión del Coaching, y el Premio de Supervisión 2019 de EMCC, por sus aportes al desarrollo de la supervisión en todo el mundo. Escribió cinco libros sobre Coaching; entre ellos, *Pasos para el éxito*, *Competencias de Coaching aplicadas*, *Mentor Coaching en Acción* y *Supervisión de Coaching*. Formó a cientos de coaches profesionales, mentor coaches y supervisores en todo el mundo, en inglés y en español.

Norma Perel es licenciada en Psicología por la Universidad de Buenos Aires, master coach certificada (MCC), Mentor coach certificada y supervisora certificada (ESIA) por EMCC. Fue miembro fundadora de la ICF, Capítulo Argentina, donde se desempeñó como directora de Programas Presenciales de Educación Continua, y embajadora de Educación Continua para ICF América Latina. Ocupó cargos como coordinadora docente de Salud Mental de Grado y de Posgrado en la Facultad de Medicina de la Universidad de Buenos Aires. Fue miembro de la comisión directiva de la Asociación de Psicólogos de Buenos Aires, la Asociación de Psiquiatría Social Argentina, la Asociación Médica Argentina y la Asociación para la Prevención del VIH/SIDA. Escribió numerosos artículos y libros en colaboración; entre ellos, *Competencias de Coaching aplicadas*, *Mentor Coaching en acción* y *El Coaching. Un mundo de posibilidades*, publicados por Ediciones Granica.

Ana Luisa Escalante es psicóloga, terapeuta familiar, primera master coach mexicana, entrenadora, autora, emprendedora. Es socia y Head of Coaching Programs de Ideal Coaching Global, empresa donde certifica a coaches ejecutivos y de vida tanto en México como en Estados Unidos, Asia y otras partes del mundo. Presidenta de Amadi Solutions, firma internacional de consultoría, entrenamiento y desarrollo organizacional. Es presidenta de La Casa de la Sal, AC, fundación dedicada a niños y adultos con VIH Sida. Ha trabajado con un sinnúmero de organizaciones para incrementar su liderazgo, habilidades de equipo y productividad a través de su aproximación ontológica-sistémica-consciente. Sostiene una práctica privada desde hace más de veinticinco años. Es autora de los libros *El Secreto de la Abundancia* e *Integridad. El lenguaje de las posibilidades*.